ROMANS ET CONTES

DE

VOLTAIRE

PUBLIÉS AVEC UNE INTRODUCTION
ET DES NOTICES

PAR

JACQUES BAINVILLE

TOME PREMIER

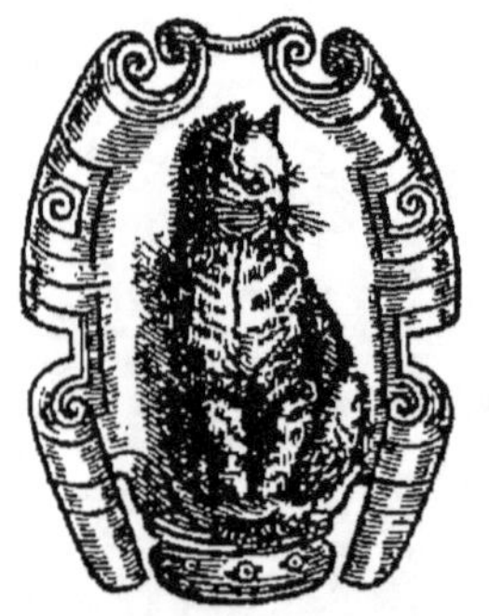

PARIS

A LA CITÉ DES LIVRES

27, RUE SAINT-SULPICE, 27

MDCCCCXXV

ROMANS ET CONTES

DE

VOLTAIRE

CETTE ÉDITION A ÉTÉ TIRÉE A 1095 EXEM-
PLAIRES : 15 EXEMPLAIRES NVMÉROTÉS DE 1
A 15, SVR JAPON ANCIEN A LA FORME; 50
EXEMPLAIRES NVMÉROTÉS DE 16 A 65, SVR
GRAND PAPIER DE HOLLANDE; 1000 EXEM-
PLAIRES NUMÉROTÉS DE 66 A 1065, SVR VER-
GÉ A LA FORME DES PAPETERIES D'ARCHES;
ET 30 EXEMPLAIRES NVMÉROTÉS DE 1 A
XXX, HORS COMMERCE, SVR PAPIERS DIVERS

EXEMPLAIRE N°

ROMANS ET CONTES

DE

VOLTAIRE

PUBLIÉS AVEC UNE INTRODUCTION
ET DES NOTICES

PAR

JACQUES BAINVILLE

TOME PREMIER

PARIS

A LA CITÉ DES LIVRES

27, RUE SAINT-SULPICE, 27

MDCCCCXXV

INTRODUCTION

Lorsque *Voltaire revint à Paris en 1778 pour y recevoir un triomphe et pour y mourir, la foule, à son passage, criait : « Vive la Henriade! Vive Mahomet! Vive la Pucelle! » Elle ne criait pas : Vive Candide! »*

Ouvrez un dictionnaire biographique d'une date un peu ancienne, un Bouillet d'une cinquantaine d'années. Consultez-le à l'article « Voltaire ». Vous trouverez deux colonnes qui donnent les dates de la Henriade *et de l'*Essai sur les Mœurs, *de* Mérope *et du* Siècle de Louis XIV. *Ni* Zadig, *ni* Candide *ne sont cités.*

Il y a mieux. Une « Vie » apologétique de Voltaire figure en tête de nombreuses éditions de ses œuvres. Condorcet en est l'auteur. A Candide, *Condorcet accorde une trentaine de lignes. C'est pour plaider l'utilité des romans philosophiques, genre qui « a le malheur de paraître facile ». Mais ces ouvrages « sont lus par des hommes frivoles que le nom seul de philosophe rebute ou attriste, et que cependant il est important d'arracher aux préjugés ».* Candide *est jugé au point de vue de la propagande et non à celui de l'art. Condorcet ne nomme même pas les contes qui ont précédé ou suivi le plus célèbre de tous. Il en parle avec négligence : « De nouveaux romans, des ouvrages ou sérieux ou plaisants, inspirés par les circonstances, n'ajoutaient pas à sa gloire mais continuaient à la* rendre toujours présente. » Sans doute Condorcet ne trouvait pas le Taureau blanc *assez sérieux*. Il n'est pas superflu d'ajouter que sa préface a été réimprimée jusqu'au XIXᵉ siècle.

Ces trois exemples suffisent à montrer ce qu'a été, pendant plus de cent années, l'opinion dominante quant à la partie la plus vivante de l'œuvre de Voltaire, celle qu'on lit le plus aujourd'hui. Quel est, au temps où nous sommes, son grand titre de gloire littéraire? Ses romans et ses contes. Eux surtout. Eux presque seuls. Le Dictionnaire philosophique *a ses ama-teurs*: j'en connais. La Correspondance aussi. Le meilleur de Voltaire est dans ses pages détachées, ses variétés, ses fantaisies, mine où l'explorateur trouve toujours du nouveau, tandis que son théâtre est mort et que ses « grandes machines », en vers et en prose, sont ennuyeuses, il faut l'avouer. M. André Bellessort vient, avec raison, de réhabiliter Voltaire historien. Mais le Charles XII lui-même est démodé. Car rien ne se démode comme la façon d'écrire l'histoire, qui devrait être éternelle.

Disons donc les choses comme elles sont: ce qui est resté de l'œuvre de Voltaire, ce qu'on lit et relit, ce qui a le plus vaste public, ce sont ses romans. C'est Candide par-dessus tout. Voltaire est devenu l'auteur de Candide.

Chose nouvelle, récente. Non que l'on n'ait goûté les contes philosophiques depuis le moment où ils eurent paru. Il en était publié un recueil à Paris dès 1764, un autre, plus complet, à Neuchâtel, en 1771. C'est celui-là qui a été reproduit un grand nombre de fois jusqu'à nos jours. Bengesco, dans sa Bibliographie,

en compte au moins trente rééditions de 1771 à 1878,
sans faire état des éditions des œuvres complètes, ce
qui donne la belle moyenne d'une environ tous les trois
ans et demi. Il n'y a d'éclipse que de 1790 à 1797 : on
dirait que la Révolution n'a pas trouvé Candide assez
jacobin et peut-être cette philosophie ne convenait-elle
pas à un âge d'enthousiasme et de fanatisme. Car
Voltaire (c'est M. Bellessort qui le remarque) avait
horreur de l'enthousiasme. N'est-ce pas la thèse des
Dieux ont soif? Pour contraster avec Évariste Game-
lin, sectaire de Rousseau, Anatole France a choisi un
épicurien, nourri d'ironie voltairienne.

Sainte-Beuve, que nous retrouverons bientôt, et qui
est toujours si pénétrant, même quand son inclination
est ailleurs, note un trait qui vient à l'appui de ce que
nous venons de dire. Droz (ce n'était pas celui de Monsieur, Madame et Bébé et d'Un été à la campagne),
Droz était un philosophe sensible, homme vertueux, qui
avait embrassé avec une ardeur désintéressée la cause
de la Révolution. Sainte-Beuve observe que Droz n'avait
jamais pu achever la lecture de Candide. L'éclipse
enregistrée par la bibliographie et que les romans voltairiens ont subie pendant la période révolutionnaire fait
donc partie de leur histoire.

*
* *

Et si, à cela près, les « Romans moraux et philosophiques », comme on les appelait au XVIIIᵉ siècle,
n'ont jamais manqué de lecteurs, c'est de nos jours
seulement que la première place leur a été donnée

dans l'œuvre de Voltaire. A s'en tenir à la seule chronologie, on constate que la grande vogue de Candide coïncide avec les grands succès d'Anatole France. Il y a là plus qu'une indication.

On trouve sans doute, avant Nodier, Taine et Arsène Houssaye, des critiques qui ont dit grand bien de Voltaire conteur. Ces critiques s'appelaient Auger, Vinet ou Bersot, étoiles de troisième dimension. Mais Sainte-Beuve ? Sainte-Beuve se réservait. Il faisait la petite bouche. C'est que Sainte-Beuve n'a jamais été voltairien. Il n'a jamais aimé Voltaire. Préférant à tout la Correspondance, il a montré, au tome XIII de ses Lundis, combien il avait dû prendre sur lui-même pour vaincre sa répulsion. En somme, il a toujours garde de l'éloignement pour l'esprit de Voltaire. Presque autant que Renan en avait pour Béranger et pour les mêmes raisons. Ainsi le goût de Sainte-Beuve n'a pu vaincre sa répugnance au voltairianisme. Dans un cas comme celui-là, étonnant au premier abord, on est obligé de se souvenir que Sainte-Beuve a fait partie de l'école romantique et que le romantisme était l'antithèse de l'esprit voltairien. Le romantisme se rattachait non à Voltaire, mais à Rousseau. Le romantisme était pour le sentiment contre l'ironie qui était classique.

Une page précieuse de Michelet donne ici la clef. Lorsque, dans son Histoire de France, il en arrive à la querelle, qui, par une violente incompatibilité d'humeurs, mit aux prises Voltaire et Rousseau, Michelet doit choisir. Il hésite : les deux émancipateurs lui sont également chers. Soudain, il se décide, comme il lui arrive toujours, parce qu'une image sensible l'a frappé. Il a vu la descendance de Rousseau dans Chateaubriand et Montalembert. Jean-Jacques a conduit au Génie du Christianisme, *aux* Moines d'Occident, *à la réaction religieuse et au romantisme moyenâgeux. Alors Michelet opte pour Voltaire, bien qu'il soit de nature encore moins voltairienne que Sainte-Beuve ne l'a été.*

Nous avons cité l'exemple de Michelet pour faire comprendre l'attitude de Sainte-Beuve, attitude presque dédaigneuse à l'égard de Voltaire. Libre penseur, Sainte-Beuve restait à son insu dans l'état d'esprit de 1820, au temps où l'ironie voltairienne était le fait de classiques à perruque, de professeurs, de bourgeois, quelque chose en somme d'étroit et de mesquin, de vulgaire et de court. Il est singulier (mais l'histoire des idées est tissue de ces contradictions) que le rationalisme voltairien ait été tour à tour et même à la fois conservateur et libertaire, rétrograde et avancé, selon la position prise en face, selon que le romantisme était légitimiste et catholique, ce qu'il a été d'abord, ou bien révolutionnaire, ce qu'il est devenu assez tôt.

Ainsi, l'on peut dire que le succès constant des romans de Voltaire, succès attesté par la librairie, répondait au goût moyen et permanent du public français, public resté distinct des esthètes et des penseurs, tandis qu'à l'égard de ces romans comme du reste de l'œuvre, le sentiment des lettrés était sous l'influence de leurs doctrines, et le XIXe siècle, dans ses têtes supérieures, n'a certainement pas reconnu la souveraineté du « roi Voltaire ». Sainte-Beuve, Renan eussent été, autant que Musset, sincèrement choqués d'être appelés voltairiens, comme des notaires de village. Ils ont jeté le discrédit sur sa critique violente et radicale du christianisme. La clarté de Voltaire, la généralité de ses thèmes, son génie de la simplification, tout ce qui le rend si accessible, le rendait, d'autre part, un peu commun. Émile Faguet témoigne encore de cette prévention dans son essai bien connu où se trouve la fameuse formule du « chaos d'idées claires ». En somme, Voltaire était classé grand écrivain. On l'accordait. Mais on boudait au plaisir de ses livres, même de ceux qui ne sont faits que pour le plaisir, parce que son nom, trop populaire, était de ceux que les imbéciles se jettent à la tête. « Il est, disait très bien Sainte-Beuve, le champion voué à des causes immortelles. Demandez donc de l'impartialité dans cette mêlée ! »

Sans doute l'impartialité était difficile. On peut affirmer qu'elle est venue.

*
* *

Qui croirait que Flaubert ait été un des premiers à dire, en dehors de tout parti pris philosophique, en homme de lettres pur, que Candide était un chef-d'œuvre ? Si quelque chose ressemble peu à Salammbô, c'est la Princesse de Babylone. Voilà deux romans « antiques » aussi différents que possible. Et quand Flaubert essaie d'être spirituel, dans Bouvard et Pécuchet (où le coup de pied de Vénus est un souvenir de Pangloss), il est léger comme un éléphant. Mais il n'est pas rare qu'un artiste admire ce qui est le moins dans sa propre ligne. Flaubert, qui avait le culte de la langue française et qui écrivait difficilement, suant

Dieu sait quelles sueurs, était en extase devant cette perfection si facile. En 1844, il écrivait à Cormenin : « J'avoue que j'adore la prose de Voltaire... » (notez ce j'avoue qui prouve que Flaubert craint de passer pour un philistin) « et que ses contes sont pour moi d'un ragoût exquis. J'ai lu Candide *vingt fois; je l'ai traduit en anglais et je l'ai encore relu de temps à autre. » En 1852, à Louise Colet, il parle de la « griffe du lion » à propos de la fin de* Candide, *« preuve criante d'un génie de premier ordre ». Un peu plus tard, c'est la visite chez le seigneur Pococurante qu'il met au-dessus de tout, et il appelle ces quatre pages « une des merveilles de la prose ».*

Hommage de l'écrivain qui peinait à l'un des écrivains les plus parfaitement naturels que nous ayons eus. Depuis Flaubert jusqu'à nos jours, l'admiration pour les romans de Voltaire n'a cessé de monter et de se répandre. On n'a plus besoin de s'en excuser, de dire qu'on « l'avoue », de prendre des précautions. M. André Bellessort, qui ne se nourrit pas de moines, écrit tranquillement : « Voltaire n'a pas créé le roman philosophique, mais il en a donné des modèles qu'on désespère d'égaler. » Cependant, il y a un siècle, un jeune écrivain promis à la gloire, qui travaillait encore pour le libraire, se croyait tenu à plus de réserve et, s'abstenant même de nommer Candide *et* Zadig, *n'indiquait l'estime du connaisseur pour ces ouvrages qu'avec une dédaigneuse prudence : « Ses contes, enfin, si désolants d'incrédulité et de scepticisme, valent mieux que ses histoires, où le même défaut se fait un peu moins sentir, mais où l'absence perpétuelle de dignité, etc... »*

Ces lignes sont de Victor Hugo, dans une préface à des Lettres choisies de Voltaire *qui a paru en 1824 et qui figure dans* Littérature et philosophie mêlées.

Aujourd'hui, l'œuvre de Voltaire a perdu, comme M. Henri Rambaud le remarquait récemment, une grande partie de son venin. Peu de personnes penseront que le Grand Inquisiteur soit autre chose qu'une figure de comédie-bouffe. L'anticléricalisme de Voltaire ne répond plus au caractère des polémiques présentes. Nous sommes moins tourmentés que lui par la question de savoir si Jonas a vraiment passé trois jours dans le ventre d'une baleine.

*Seulement la vogue de ses contes est peut-être un signe de ce qu'on nomme la crise du roman et qui n'en est sans doute que la fatigue. Il y a un besoin de conteurs rapides, allégoriques, à idées générales, dont la fantaisie ouvre des fenêtres sur le monde et domine l'humanité. C'est pourquoi nous avons dit qu'*Anatole France *avait rendu le goût de Voltaire. Il y a aussi un besoin de clarté, de style uni et de langue pure. C'est ce que* Zadig *et* Candide *nous apportent. Bien des gens n'ont haï Voltaire que parce qu'il haïssait lui-même le faux goût et le galimatias, qui sont éternels, et auxquels il a fait la guerre autant que Boileau. Il disait dans sa* Lettre à l'abbé d'Olivet : « *On descend d'un style violent et effréné au familier le plus bas et le plus dégoûtant; on dit de la musique du célèbre Rameau, l'honneur de notre siècle, qu'elle ressemble à la course d'une oie grasse et au galop d'une vache. On s'exprime enfin aussi ridiculement que l'on pense.* » A *toute époque, que de mauvais écrivains se seront* reconnus là ! Ce sont des opinions pareilles que bien des gens pardonnent à Voltaire encore moins que l'incrédulité dont, bon jeune homme, se désolait Hugo.

Mais, veut-on, sur Candide et son auteur, la note tout à fait juste ? C'est encore à Sainte-Beuve qu'il faut la demander. Si quelque chose gâte parfois les contes, trouble le plaisir qu'ils donnent, c'est ce manque « de réserve et de chasteté » qui leur est reproché, qui est noté dans un coin des Lundis. Le plus subtil des critiques, le plus sensible aussi, aura marqué de sa plume d'or les limites qu'il arrive à Voltaire de franchir. Aucune observation ne reste plus à faire quand la perfection de la délicatesse et du goût s'est exprimée ainsi sur la perfection de la fantaisie et du style.

⁂

Maintenant, voyons l'œuvre elle-même que nous rassemblons ici.

A cinquante-trois ans, Voltaire devient romancier et conteur. Il est déjà célèbre. Il appartient à l'Académie française depuis un an. On croirait qu'il a le principal de son œuvre derrière lui. Il en a le plus gros, non le meilleur.

Si l'on en croit un récit que rapportent généralement ses biographes, Voltaire se serait révélé romancier par hasard. En 1747, il était réfugié chez la duchesse du Maine. Les plaisirs de cette petite cour de Sceaux étaient spirituels et raffinés. Il paraît qu'on y distribuait des lettres tirées au sort. Celui qui recevait un C devait donner une comédie. Celui à qui tombait l'O était redevable d'une ode ou d'un opéra. Un N échut à Voltaire qui composa une nouvelle et s'y prit si bien que, la même lettre étant venue à Mme de Montauban, celle-ci le pria d'écrire le conte à sa place et c'est ainsi que nous aurions Cosi-Sancta.

Il est possible que les premiers contes de Voltaire aient été le fruit des circonstances, qu'ils aient été des « amusements de société ». Leur date porte à le croire. Mais, à cette occasion-là ou à une autre, Voltaire devait écrire des récits philosophiques. Il aurait mis en fiction sa vue du monde, les idées qui demandaient à sortir de sa tête. Un jour ou l'autre, cette forme supérieure de l'art d'écrire devait le tenter. Elle devait lui être nécessaire. L'homme qui est doué d'un grand talent littéraire finit par recourir à la fantaisie et à la fable comme au moyen le plus rapide et peut-être le plus complet de traduire sa pensée. C'est la marche qu'a suivie Renan.

Sans doute, pour dire ce qu'il avait à dire, Voltaire avait eu à sa disposition l'épopée, la satire, la tragédie. Il était mal à l'aise dans ces genres traditionnels et réguliers. Il y a, dans notre littérature, toute une lignée d'écrivains qui ont besoin de leur liberté, qui sortent des cadres tout faits et qui se construisent une habitation à leur manière. En cela les romans de Voltaire s'apparentent aux Essais de Montaigne et aux fables de La Fontaine. Les Fables n'appartiennent à aucun genre défini ou classé. Elles ne suivent ni les usages ni les règles. Les romans de Voltaire leur ressemblent par leur variété, tantôt longs et tantôt courts, affranchis de la préoccupation de donner au public ce qu'il attend d'un fournisseur ordinaire. On dirait que le caprice de l'écrivain règne seul, si ce caprice n'obéissait aux lois supérieures d'un art sûr de lui. Frédéric de Prusse a dit le mot juste : « Voilà la seule espèce de roman que l'on peut lire. »

Cet art est celui de généraliser et d'abréger. C'est pourquoi la forme du conte convient si bien aux esprits ironiques. C'est aussi pourquoi ceux qui s'en sont le mieux servis s'y sont mis sur le tard. Il n'y a pas de génies précoces pour l'originalité. Le Voltaire dont nous nous occupons a été aussi tardif que le La Fontaine des fables. Le Renan du Prêtre de Némi, l'Anatole France des Dieux ont soif l'ont été également. On ne parle bien de l'humanité qu'après l'avoir connue, de même qu'on peint le mieux les passions quand on a cessé d'en être esclave.

Et tout cela revient à dire que Voltaire eût écrit Candide, même si la duchesse du Maine et Mme de Montauban ne l'eussent chargé, l'une de la distraire et l'autre de la remplacer. Il paraît d'ailleurs qu'il n'avait pas attendu, pour s'essayer dans le conte, les amusements de la cour de Sceaux et l'année 1747. Dans une lettre de 1739 à Frédéric, encore prince royal de Prusse, Voltaire parle d'un Voyage du baron de Gangan qui n'a jamais été imprimé, que l'on n'a pas retrouvé et qui semble avoir été une première version de Micromégas. Et sans doute Micromégas rappelle Gulliver. Le Voyage du baron de Gangan pourrait avoir été inspiré par Swift à une époque où Voltaire venait de découvrir l'Angleterre. Mais on a trop dit qu'il avait imité les « humouristes » anglais. Il y a eu Gargantua

avant Gulliver. Tout au plus peut-on admettre que
Swift et Sterne lui aient donné l'idée de faire quelque
chose qui ne serait ni du Sterne ni du Swift. Il parle
quelque part avec une sorte de dégoût du « bas comique »
de Tristram Shandy. Il connaissait lui-même la
qualité supérieure de son art.

M. Edmond Pilon a très bien raconté comment,
recevant le prince de Ligne à Ferney, Voltaire demanda
au voyageur, qui venait de Venise, s'il y avait vu le
sénateur Pococurante. « Le sénateur Pococurante ?
répondit le prince de Ligne. Je ne me souviens pas de
lui. » A ces mots, Voltaire ne se contient plus : « Comment, Monsieur, vous n'avez pas lu Candide ? » Le
prince s'excuse, l'hôte se calme et tout finit le mieux
du monde. Mais Voltaire avait montré le fond de son
cœur. Il n'ignorait pas ce que valait Candide. Il ne
l'ignorait pas le jour où, ayant achevé son manuscrit,
il le jeta à la tête de sa nièce, comme s'il le jetait à la
postérité, en disant : « Tenez, curieuse, voici pour
vous ! » Il ne l'ignorait pas davantage quand il se plaignait avec véhémence des suites apocryphes que des pas-
ticheurs avaient données à ses romans, des altérations
et des falsifications dont ses enfants préférés avaient
souffert. Car c'étaient bien ses enfants préférés. Et
s'il les a publiés pour la plupart sous des noms supposés,
s'il en a même quelquefois renié la paternité, c'était par
prudence politique, non par l'effet d'un doute ou d'un
scrupule d'auteur. Il a du reste agi de même pour tout
ce qu'il a écrit d'audacieux.

Seulement, dans le métier, nouveau pour lui, de
romancier, Voltaire a avancé pas à pas, comme s'il

s'était méfié de lui-même, comme s'il avait voulu être sûr de sa plume. A plus de cinquante ans, ce grand artiste se mettait encore à l'épreuve.

Les nouvelles de Sceaux lui avaient montré la voie. Il écrit alors sur des thèmes connus, qu'il orne et qu'il rafraîchit, la suite des apologues de Zadig. Par Micromégas et les Voyages de Scarmentado, on voit qu'il s'enhardit. Avec Candide il prend son vol. Puis c'est l'Ingénu où il se renouvelle et démontre qu'il peut écrire un roman romanesque et sentimental, mais dans sa propre manière. Ce sera encore la Princesse de Babylone, puis le Taureau blanc, cette fantaisie extraordinaire qui atteste une faculté de renouvellement presque sans exemple. Il compose entre temps la charmante histoire de Jeannot et Colin que Florian reprendra. Virtuose, il semble se plaire à donner sa marque à tous les genres, même au genre larmoyant.

L'âcreté pourtant domine. C'est que Voltaire est bien tel que Houdon l'a sculpté : un écorché vif. Tout le blesse, tout l'irrite, les hommes et les principes, les dogmes et les philosophies, les jansénistes autant que les jésuites, la sottise autant que le mal, Rousseau autant que Rollin, un solécisme autant que l'Inquisition, les gaucheries du grand Corneille autant que les critiques du moindre chroniqueur. Les moines et les prêtres l'agacent. Dans un autre âge, où il eût trouvé moins de théatins, des professeurs et des maîtres d'école l'eussent pareillement agacé. Il l'est par les économistes de son temps. Il l'est par les géologues qui affirmaient, comme ceux d'aujourd'hui, que notre continent avait été recouvert par les eaux. Il leur oppose les mêmes arguments et les mêmes railleries qu'à la Bible. Il ne respecte même pas la science. C'est dans les contes que s'épanche le plus librement ce grand susceptible et ce grand nerveux. Quand on a compris la raison profonde et pour ainsi dire physiologique de ses animosités, de ses outrances, de ses marottes, on ne s'en choque plus.

*

Il nous reste à dire maintenant comment nous avons composé ce recueil, qui diffère sur quelques points de ceux qui l'ont précédé.

Nous avons suivi, pour les romans et les contes, l'ordre chronologique, qui est le plus naturel. C'est celui qui est observé dans le premier recueil collectif qui avait paru à Neuchâtel en 1771 sous le titre de Recueil de romans moraux et philosophiques par Voltaire.

On a coutume d'accompagner des contes en vers les romans et contes en prose. Nous avons rompu avec cette habitude qui, à notre sens, est vicieuse. Il n'y a qu'une lointaine parenté entre ces deux sortes de compositions. M. Eugène Marsan, dans la préface d'une réédition récente, a réhabilité Ce qui plaît aux dames et la Bégueule. Il en a tiré, il a serti, élégamment commenté des vers agréables, car Voltaire mettait du talent partout. L'ensemble n'en est pas moins froid et dépourvu d'originalité. Les contes de La Fontaine, malgré la sève qui les parcourt et la gauloiserie qui les assaisonne, sont eux-mêmes assez faibles, souvent pénibles, et Voltaire n'a rien ajouté à ce genre. Mais c'est surtout quand ses fantaisies rimées sont lues après Candide qu'on en sent l'infériorité. Quelque habile versificateur qu'il soit, c'est dans la prose qu'il est maître et qu'il atteint cette aisance souveraine et cette perfection auxquelles La Fontaine s'est élevé dans ses fables. C'est un mauvais service à rendre à Voltaire que de mettre bout à bout ce qu'il a écrit de plus excellent et ce qu'il a écrit de plus banal.

Avec bien plus de sens, l'édition des Romans et contes de 1778 ajoutait un certain nombre de morceaux à la série qui va, selon l'usage établi que nous respectons, de Babouc aux Oreilles du comte de Chesterfield. Comme on le verra, les Oreilles, de même que l'Homme aux quarante écus, et, sauf les premières et les dernières pages, l'Histoire de Jenny, ont un caractère fort peu romanesque. Ce sont des prétextes à dissertations sur divers sujets. Au contraire, en d'autres parties de son œuvre, et aux endroits où l'on s'y attend le moins, Voltaire a suivi son inclination et, au lieu de raisonner, il a dit une fable. On en trouve plusieurs dans le Dictionnaire philosophique et dans divers fragments ou mélanges. Le Recueil de 1778, dont nous avons imité l'exemple, a bien fait d'extraire ces brillants morceaux de ce que nous appellerions presque leur gangue.

Mais, sur ce chemin, nous n'avons pas cru devoir nous arrêter. Pour avoir une juste idée de Voltaire conteur, il faut encore chercher dans son œuvre d'autres fruits de sa fantaisie et de son imagination. Nous avons cru qu'une édition comme celle-ci devait contenir tout ce qui est de la même veine. Parmi ses

Dialogues, où abondent d'assez fatigantes redites sur la théologie, de véritables bijoux gagnent à être isolés. Nous les avons joints au reste, et nous dirons, dans la notice du tome quatrième, les raisons de notre choix. Enfin, dans la série de ce qu'on nomme les « facéties », il y a un certain nombre de pièces qui appartiennent au genre du journalisme le plus spirituel et que nous avons cueillies également. Nous pensons avoir formé ainsi un ensemble complet. Voltaire, artiste de la prose, y paraîtra dans sa richesse et sa variété. Peu importe qu'on partage ou non ses opinions philosophiques. Libre à qui le pourra de soutenir et d'illustrer les siennes en inventant et en écrivant comme lui.

Quant au texte que nous avons suivi, celui qu'a établi Bengesco dans sa réimpression de la « Nouvelle bibliothèque classique » (1887) nous a paru le meilleur. Bengesco connaissait admirablement l'œuvre de Voltaire à laquelle il avait presque consacré sa vie. Il avait un sens critique très sûr, c'est-à-dire beaucoup de bon sens. Le choix auquel il a procédé entre les variantes est toujours judicieux. Si l'édition de Kehl fait foi, il arrive que celle de Beuchot contienne des versions préférables. Bengesco a procédé à ce travail de comparaison. Il ne reste rien à y ajouter, sinon de dire ce que nous lui devons. Grâce à lui cette édition peut être affranchie de l'appareil de notes qui l'alourdirait et l'encombrerait sans utilité.

J. B.

NOTICE

CONTES DE CE VOLUME

Ce premier tome comprend une série de contes qui, pour la plupart, sont du type des contes orientaux. Voltaire est parti de là. Il écrivait le 15 août 1775 à Messieurs les éditeurs de la Bibliothèque universelle des romans : « Ma lettre deviendrait un volume si je recherchais les plus anciennes origines des romans, des contes et des fables ; je les retrouverais peut-être chez les premiers brahmanes et chez les premiers Persans. » On sait, en effet, et Gaston Paris l'a montré, que l'épisode de l'ermite, dans *Zadig* (de même que le *Meunier, son Fils et l'Ane* de La Fontaine), remonte à la plus vieille littérature orale, celle de l'Inde. Voltaire a assuré ses premiers pas de conteur sur des fables dont l'origine se perd dans la nuit des temps. Et il s'est également inspiré des *Mille et une Nuits*, quelque dédain qu'il ait marqué pour ce recueil qu'avait mis à la mode en France la traduction de Galland dont l'enfance de Voltaire s'était certainement amusée. Le grand succès des *Lettres persanes*, qui avaient paru au temps de sa jeunesse, a pareillement contribué à lui faire choisir un genre qui rend l'allusion spirituelle et facile.

Le monde comme il va, vision de Babouc, le *Crocheteur borgne* et *Cosi-Sancta* sont ou passent pour être les « trois nouvelles de Sceaux ». C'est très probablement dans les derniers mois de 1747, chez la duchesse du Maine, que *Babouc* a été écrit. Il a paru pour la première fois en 1748 dans l'édition des

œuvres de Voltaire donnée à Dresde par G.-C. Walther.
Dans ce joli récit, on trouve déjà quelques-uns des thèmes
de *Candide*, mais avec une sorte de volonté de compenser
le mal par le bien. L'indulgence est la mesure dans laquelle Voltaire peut être optimiste, à peu près la mesure
d'Alfred Capus. *Babouc* est véritablement très parisien.
C'est une chronique de Paris en 1747. On reconnaîtra mille
allusions au passage. Le « petit vieillard courbé sous le
poids des années et des affaires, mais encore vif et plein
d'esprit », est le cardinal de Fleury. La belle Téone est
Mme du Châtelet, selon Bengesco, qui doit avoir raison
contre Beuchot, lequel voulait que ce fût Mme de Pompadour.

Le *Crocheteur borgne* n'a été imprimé qu'en 1774, et,
chose imprévue, dans le *Journal des Dames* dirigé par une
Mme de Princen, qui était le prête-nom de Durosoi. Ce
conte rapide montre que Voltaire avait un certain nombre
d'idées fixes. Il se demandait, lui aussi, lequel serait le plus
heureux, d'un artisan qui rêverait toutes les nuits qu'il est
roi ou d'un roi qui rêverait toutes les nuits qu'il est artisan.
La vie est-elle un songe? Le songe a-t-il une réalité? Le
temps existe-t-il? C'est à peu près toute la métaphysique
de Voltaire. Il y reviendra avec plus de développement
dans *le Blanc et le Noir*. Le texte du *Crocheteur* avait été
expurgé par le *Journal des Dames*. L'édition de Kehl l'a
rétabli en entier. Notons qu'on a parfois contesté que cette
nouvelle fût de Voltaire, d'ailleurs sans raison sérieuse.
Les passages graveleux font penser que le *Sopha* de Crébil-
lon fils est de 1745.

Cosi-Sancta a paru pour la première fois dans l'édition de
Kehl. On peut remarquer la ressemblance de ce petit conte
avec l'*Histoire de Madame de Luz*, de Duclos, qui date de
1741 et qui est à nos yeux une parodie de la *Princesse de
Clèves*. Mais la ressemblance se remarquera encore mieux
dans l'*Ingénu* : les romans de Voltaire sortent pour ainsi
dire les uns des autres. Ne manquons pas de noter aussi,
avec tous les éditeurs, que Voltaire s'est trompé en disant
qu'il avait lu l'aventure de *Cosi-Sancta* dans la *Cité de*

Dieu. Elle se trouve dans un sermon de saint Augustin, le *Sermon de Jésus-Christ sur la Montagne*.

Zadig a une histoire beaucoup plus compliquée que les trois contes qui précèdent. Ce roman avait d'abord paru à Londres en 1747 sous le titre de *Memnon, histoire orientale*. Il ne faut pourtant pas le confondre avec l'autre conte qui porte le titre de *Memnon*. Il reparut en 1748 à Nancy avec ce titre nouveau et définitif : *Zadig ou la destinée, histoire orientale*. Voltaire fut accusé, en particulier par Fréron, d'avoir copié un poème anglais de Parnell, *The Ermit*. C'est l'éternelle question du plagiat. A la vérité, Voltaire s'est inspiré de nombreux contes orientaux, persans et chinois et même du *Roland furieux* pour composer une œuvre originale. Gaston Paris a tout remis au point. (*La Poésie au Moyen Age*, première série.) Comme nous l'avons indiqué plus haut, l'épisode le plus fameux de *Zadig* est un bien commun, une de ces histoires qui se sont transmises depuis les origines de l'humanité.

Quelques clefs sont nécessaires. On ne manquera pas de reconnaître Mme de Pompadour dans la sultane Sheraa de l'épître dédicatoire. Le Yébor du chapitre IV est le théatin Boyer. Enfin l'expression « le cœur et l'esprit » qui avait le don d'irriter Voltaire était chère au bon Rollin.

Memnon ou la Sagesse humaine, qu'il ne faut donc pas confondre avec la première version de *Zadig*, fut imprimé en 1749 dans le « Recueil des pièces en vers et en prose par l'auteur de la tragédie de Sémiramis ». C'est à propos de *Memnon* qu'un informateur littéraire du temps, Clément, a dit le mot le plus juste sur l'art de Voltaire : « Ce n'est rien que l'idée générale en comparaison de l'exécution. » On verra, à la fin de *Memnon*, que Voltaire se moque déjà des philosophes qui prétendent que « tout est bien ». Encore une de ses idées constantes. Il n'a pas attendu le tremblement de terre de Lisbonne pour railler l'optimisme.

Bababec et les Fakirs, lettre d'un Turc ou *Lettre d'un Turc sur Bababec et les Fakirs* figure au tome IX de l'édition de Dresde (1750). L'irrespect de Voltaire s'étend au sanscrit et au berceau de l'humanité. Cet homme qui ne vénérait pas grand chose riait même du *Zend-Avesta* et il n'aurait sans doute pas mieux traité Rabindranath Tagore.

Avec *Micromégas*, il change de manière. On a dit que c'était du Swift, mais Swift était aussi du Cyrano de Bergerac. *Micromégas* est une variation sur « les deux infinis » et une satire de Maupertuis, le rival de Voltaire à Berlin. Rien de plus clair que l'allusion au voyage d'études astronomiques de Maupertuis dans les régions polaires. Les pointes à l'adresse de Fontenelle se reconnaissent aussi aisément. Le thème de *Micromégas* tourmentait Voltaire depuis longtemps, puisqu'il en parle comme d'une « ancienne plaisanterie ». On ne peut guère douter que ce soit une reprise de ce *Voyage du baron de Gangan* qu'il annonçait à Frédéric comme une « fadaise philosophique » et qu'il y a tout lieu de croire définitivement perdu.

Les Deux Consolés, l'*Histoire des Voyages de Scarmentado*, le *Songe de Platon* se trouvent dans le recueil de 1756 des *Mélanges* de l'éditeur Cramer. *Scarmentado* est, de toute évidence, une esquisse de *Candide*. Les linéaments de l'œuvre prochaine y apparaissent. Pour l'étude de ce phénomène mystérieux qui s'appelle l'élaboration littéraire, c'est un document précieux. Le lecteur fait de lui-même les rapprochements. Il découvre à l'état sommaire et comme naissant quelques-uns des épisodes qui vont s'enrichir et trouver bientôt leur forme parfaite.

Ainsi, à la fin des contes qui composent ce volume, on voit que Voltaire s'est essayé et qu'il a pris de l'assurance. Maintenant *Candide* peut et doit venir.

LE
MONDE COMME IL VA

VISION DE BABOUC

ÉCRITE PAR LUI-MÊME

LE

MONDE COMME IL VA

Parmi les génies qui président aux empires du monde, Ituriel tient un des premiers rangs, et il a le département de la haute Asie. Il descendit un matin dans la demeure du Scythe Babouc, sur le rivage de l'Oxus, et lui dit : « Babouc, les folies et les excès des Perses ont attiré notre colère ; il s'est tenu hier une assemblée des génies de la haute Asie pour savoir si on châtierait Persépolis ou si on la détruirait. Va dans cette ville, examine tout ; tu reviendras m'en rendre un compte fidèle, et je me déterminerai, sur ton rapport, à corriger la ville ou à l'exterminer. — Mais, Seigneur, dit humblement Babouc, je n'ai jamais été en Perse ; je n'y connais personne. — Tant mieux, dit l'ange, tu ne seras point partial ; tu as reçu du ciel le discernement, et j'y ajoute le don d'inspirer la confiance ; marche, regarde, écoute, observe, et ne crains rien : tu seras partout bien reçu. »

Babouc monta sur son chameau et partit avec ses serviteurs. Au bout de quelques journées, il rencontra vers les plaines de Sennaar l'armée persane qui allait combattre l'armée indienne. Il s'adressa d'abord à un soldat qu'il trouva écarté. Il lui parla, et lui demanda quel était le sujet de la

guerre. « Par tous les dieux, dit le soldat, je n'en
sais rien ; ce n'est pas mon affaire : mon métier est
de tuer et d'être tué pour gagner ma vie ; il n'importe qui je serve. Je pourrais bien même dès demain
passer dans le camp des Indiens : car on dit qu'ils
donnent près d'une demi-drachme de cuivre par
jour à leurs soldats de plus que nous n'en avons
dans ce maudit service de Perse. Si vous voulez
savoir pourquoi on se bat, parlez à mon capitaine. »

Babouc, ayant fait un petit présent au soldat,
entra dans le camp. Il fit bientôt connaissance
avec le capitaine, et lui demanda le sujet de la
guerre. « Comment voulez-vous que je le sache,
dit le capitaine, et que m'importe ce beau sujet ?
J'habite à deux cents lieues de Persépolis : j'entends dire que la guerre est déclarée ; j'abandonne
aussitôt ma famille, et je vais chercher, selon notre
coutume, la fortune ou la mort, attendu que je
n'ai rien à faire. — Mais vos camarades, dit
Babouc, ne sont-ils pas un peu plus instruits que
vous ? — Non, dit l'officier, il n'y a guère que nos
principaux satrapes qui savent bien précisément
pourquoi on s'égorge. »

Babouc, étonné, s'introduisit chez les généraux ;
il entra dans leur familiarité. L'un d'eux lui dit
enfin : « La cause de cette guerre, qui désole depuis
vingt ans l'Asie, vient originairement d'une querelle
entre un eunuque d'une femme du grand roi de
Perse et un commis d'un bureau du grand roi des
Indes. Il s'agissait d'un droit qui revenait à peu

près à la trentième partie d'une darique. Le premier ministre des Indes et le nôtre soutinrent dignement les droits de leurs maîtres. La querelle s'échauffa. On mit de part et d'autre en campagne une armée d'un million de soldats. Il faut recruter cette armée tous les ans de plus de quatre cent mille hommes. Les meurtres, les incendies, les ruines, les dévastations, se multiplient ; l'univers souffre, et l'acharnement continue. Notre premier ministre et celui des Indes protestent souvent qu'ils n'agissent que pour le bonheur du genre humain, et à chaque protestation il y a toujours quelques villes détruites et quelques provinces ravagées. »

Le lendemain, sur un bruit qui se répandit que la paix allait être conclue, le général persan et le général indien s'empressèrent de donner bataille ; elle fut sanglante. Babouc en vit toutes les fautes et toutes les abominations ; il fut témoin des manœuvres des principaux satrapes, qui firent ce qu'ils purent pour faire battre leur chef. Il vit des officiers tués par leurs propres troupes ; il vit des soldats qui achevaient d'égorger leurs camarades expirants pour leur arracher quelques lambeaux sanglants, déchirés et couverts de fange. Il entra dans les hôpitaux où l'on transportait les blessés, dont la plupart expiraient par la négligence inhumaine de ceux mêmes que le roi de Perse payait chèrement pour les secourir. « Sont-ce là des hommes, s'écria Babouc, ou des bêtes féroces ? Ah ! je vois bien que Persépolis sera détruite. »

Occupé de cette pensée, il passa dans le camp des Indiens. Il y fut aussi bien reçu que dans celui des Perses, selon ce qui lui avait été prédit ; mais il y vit tous les mêmes excès qui l'avaient saisi d'horreur. « Oh, oh ! dit-il en lui-même, si l'ange Ituriel veut exterminer les Persans, il faut donc que l'ange des Indes détruise aussi les Indiens. » S'étant ensuite informé plus en détail de ce qui s'était passé dans l'une et l'autre armée, il apprit des actions de générosité, de grandeur d'âme, d'humanité, qui l'étonnèrent et le ravirent. « Inexplicables humains, s'écria-t-il, comment pouvez-vous réunir tant de bassesse et de grandeur, tant de vertus et de crimes ? »

Cependant la paix fut déclarée. Les chefs des deux armées, dont aucun n'avait remporté la victoire, mais qui, pour leur seul intérêt, avaient fait verser le sang de tant d'hommes, leurs semblables, allèrent briguer dans leurs cours des récompenses. On célébra la paix dans les écrits publics qui n'annonçaient que le retour de la vertu et de la félicité sur la terre. « Dieu soit loué ! dit Babouc ; Persépolis sera le séjour de l'innocence épurée ; elle ne sera point détruite, comme le voulaient ces vilains génies : courons sans tarder dans cette capitale d'Asie. »

Il arriva dans cette ville immense par l'ancienne entrée, qui était toute barbare et dont la rusticité dégoûtante offensait les yeux. Toute cette partie de la ville se ressentait du temps où elle avait été bâtie : car, malgré l'opiniâtreté des hommes à louer l'antique aux dépens du moderne, il faut avouer qu'en tout genre les premiers essais sont toujours grossiers.

Babouc se mêla dans la foule d'un peuple composé de ce qu'il y avait de plus sale et de plus laid dans les deux sexes. Cette foule se précipitait d'un air hébété dans un enclos vaste et sombre. Au bourdonnement continuel, au mouvement qu'il y remarqua, à l'argent que quelques personnes donnaient à d'autres pour avoir droit de s'asseoir, il crut être dans un marché où l'on vendait des chaises de paille ; mais bientôt, voyant que plusieurs femmes se mettaient à genoux, en faisant semblant de regarder fixement devant elles et en regardant les hommes de côté, il s'aperçut qu'il était dans un temple. Des voix aigres, rauques, sauvages, discordantes, faisaient retentir la voûte de sons mal articulés, qui faisaient le même effet que les voix des onagres quand elles répondent, dans les plaines des Pictaves, au cornet à bouquin qui les appelle. Il se bouchait les oreilles ; mais il fut prêt de se boucher encore les yeux et le nez, quand il vit entrer dans ce temple des ouvriers avec des pinces et des pelles. Ils remuèrent une large pierre, et jetèrent à droite et à gauche une terre dont s'exhalait une odeur empestée ; ensuite on vint poser un mort dans cette ouverture, et on remit la pierre par-dessus. « Quoi ! s'écria Babouc, ces peuples enterrent leurs morts dans les mêmes lieux où ils adorent la Divinité ! Quoi ! leurs temples sont pavés de cadavres ! Je ne m'étonne plus de ces maladies pestilentielles qui désolent souvent Persépolis. La pourriture des morts, et celle de tant de vivants rassemblés et pressés dans le même lieu, est capable d'empoisonner le globe terrestre. Ah ! la vilaine ville que Persépolis ! Apparemment que les anges veulent la détruire pour en rebâtir une plus belle, et pour la peupler d'habitants moins malpropres et qui chantent mieux. La Providence peut avoir ses raisons : laissons-la faire. »

Cependant le soleil approchait du haut de sa carrière. Babouc devait aller dîner à l'autre bout de la ville, chez une dame pour laquelle son mari, officier de l'armée, lui avait donné des lettres. Il fit d'abord plusieurs tours dans Persépolis ; il vit d'autres temples mieux bâtis et mieux ornés, remplis d'un peuple poli et retentissants d'une musique harmonieuse ; il remarqua des fontaines publiques, lesquelles, quoique mal placées, frappaient les yeux par leur beauté ; des places où semblaient respirer en bronze les meilleurs rois qui avaient gouverné la Perse ; d'autres places où il entendait le peuple s'écrier : « Quand verrons-nous ici le maître que nous chérissons ? » Il admira les ponts magnifiques élevés sur le fleuve, les quais superbes et commodes, les palais bâtis à droite et à gauche, une maison immense où des milliers de vieux soldats blessés et vainqueurs rendaient chaque jour grâce au Dieu des armées. Il entra enfin chez la dame qui l'attendait à dîner avec une compagnie d'honnêtes gens. La maison était propre et ornée, le repas délicieux, la dame jeune, belle, spirituelle, engageante, la compagnie digne d'elle ; et Babouc disait en lui-même à tout moment : « L'ange Ituriel se moque du monde de vouloir détruire une ville si charmante. »

Cependant il s'aperçut que la dame, qui avait commencé par lui demander tendrement des nouvelles de son mari, parlait plus tendrement encore, sur la fin du repas, à un jeune mage. Il vit un magistrat qui, en présence de sa femme, pressait avec vivacité une veuve, et cette veuve indulgente avait une main passée autour du cou du magistrat, tandis qu'elle tendait l'autre à un jeune citoyen très beau et très modeste. La femme du magistrat se leva de table la première, pour aller entretenir dans un cabinet voisin son directeur, qui arrivait trop tard, et qu'on avait attendu à dîner ; et le directeur, homme éloquent, lui parla dans ce cabinet avec tant de véhémence et d'onction que la dame avait, quand elle revint, les yeux humides, les joues enflammées, la démarche mal assurée, la parole tremblante.

Alors Babouc commença à craindre que le génie Ituriel n'eût raison. Le talent qu'il avait d'attirer la confiance le mit dès le jour même dans les secrets de la dame ; elle lui confia son goût pour le jeune mage, et l'assura que dans toutes les maisons de Persépolis il trouverait l'équivalent de ce qu'il avait vu dans la sienne. Babouc conclut qu'une telle société ne pouvait subsister ; que la jalousie, la discorde, la vengeance, devaient désoler toutes les maisons ; que les larmes et le sang devaient couler tous les jours ; que certainement les maris tueraient les galants de leurs femmes, ou en seraient tués, et qu'enfin Ituriel faisait fort bien de détruire tout d'un coup une ville abandonnée à de continuels désastres.

Il était plongé dans ces idées funestes, quand il se présenta à la porte un homme grave, en manteau noir, qui demanda humblement à parler au jeune magistrat. Celui-ci, sans se lever, sans le regarder, lui donna fièrement, et d'un air distrait, quelques papiers, et le congédia. Babouc demanda quel était cet homme. La maîtresse de la maison lui dit tout bas : « C'est un des meilleurs avocats de la ville ; il y a cinquante ans qu'il étudie les lois. Monsieur, qui n'a que vingt-cinq ans, et qui est satrape de loi depuis deux jours, lui donne à faire l'extrait d'un procès qu'il doit juger, qu'il n'a pas encore examiné. — Ce jeune étourdi fait sagement, dit Babouc, de demander conseil à un vieillard ; mais pourquoi n'est-ce pas ce vieillard qui est juge ? — Vous vous moquez, lui dit-on, jamais ceux qui ont vieilli dans les emplois laborieux et subalternes ne parviennent aux dignités. Ce jeune homme a une grande charge, parce que son père est riche, et qu'ici le droit de rendre la justice s'achète comme une métairie. — O mœurs ! ô malheureuse ville ! s'écria Babouc ; voilà le comble du désordre ; sans doute, ceux qui ont ainsi acheté le droit de juger vendent leurs jugements ; je ne vois ici que des abîmes d'iniquité. »

Comme il marquait ainsi sa douleur et sa surprise, un jeune guerrier, qui était revenu ce jour même de l'armée, lui dit : « Pourquoi ne voulez-vous pas qu'on achète les emplois de la robe ? J'ai bien acheté, moi, le droit d'affronter la mort à la tête de deux mille hommes que je commande ; il m'en a coûté quarante mille dariques d'or, cette année, pour coucher sur la terre trente nuits de suite en habit rouge, et pour recevoir ensuite deux bons coups de flèche dont je me sens encore. Si je me ruine pour servir l'empereur persan, que je n'ai jamais vu, monsieur le satrape de robe peut bien payer quelque chose pour avoir le plaisir de donner audience à des plaideurs. » Babouc, indigné, ne put s'empêcher de condamner dans son cœur un pays où l'on mettait à l'encan les dignités de la paix et de la guerre ; il conclut précipitamment que l'on y devait ignorer absolument la guerre et les lois, et que, quand même Ituriel n'exterminerait pas ces peuples, ils périraient par leur détestable administration.

Sa mauvaise opinion augmenta encore à l'arrivée d'un gros homme qui, ayant salué très familièrement

toute la compagnie, s'approcha du jeune officier,
et lui dit : « Je ne peux vous prêter que cinquante
mille dariques d'or, car, en vérité, les douanes
de l'empire ne m'en ont rapporté que trois cent mille
cette année. » Babouc s'informa quel était cet
homme qui se plaignait de gagner si peu ; il apprit
qu'il y avait dans Persépolis quarante rois plé-
béiens qui tenaient à bail l'empire de Perse, et qui
en rendaient quelque chose au monarque.

Après dîner, il alla dans un des plus superbes
temples de la ville ; il s'assit au milieu d'une troupe
de femmes et d'hommes qui étaient venus là pour
passer le temps. Un mage parut dans une machine
élevée, qui parla longtemps du vice et de la vertu.
Ce mage divisa en plusieurs parties ce qui n'avait
pas besoin d'être divisé ; il prouva méthodique-
ment tout ce qui était clair, il enseigna tout ce
qu'on savait. Il se passionna froidement, et sortit
suant et hors d'haleine. Toute l'assemblée alors
se réveilla et crut avoir assisté à une instruction.
Babouc dit : « Voilà un homme qui a fait de son
mieux pour ennuyer deux ou trois cents de ses con-
citoyens ; mais son intention était bonne, et il n'y
a pas là de quoi détruire Persépolis. »

Au sortir de cette assemblée, on le mena voir
une fête publique qu'on donnait tous les jours de
l'année ; c'était dans une espèce de basilique, au
fond de laquelle on voyait un palais. Les plus

belles citoyennes de Persépolis, les plus considérables satrapes, rangés avec ordre, formaient un spectacle si beau que Babouc crut d'abord que c'était là toute la fête. Deux ou trois personnes, qui paraissaient des rois et des reines, parurent bientôt dans le vestibule de ce palais ; leur langage était très différent de celui du peuple ; il était mesuré, harmonieux et sublime. Personne ne dormait, on écoutait dans un profond silence, qui n'était interrompu que par les témoignages de la sensibilité et de l'admiration publique. Le devoir des rois, l'amour de la vertu, les dangers des passions, étaient exprimés par des traits si vifs et si touchants que Babouc versa des larmes. Il ne douta pas que ces héros et ces héroïnes, ces rois et ces reines qu'il venait d'entendre, ne fussent les prédicateurs de l'empire ; il se proposa même d'engager Ituriel à les venir entendre, bien sûr qu'un tel spectacle le réconcilierait pour jamais avec la ville.

Dès que cette fête fut finie, il voulut voir la principale reine, qui avait débité dans ce beau palais une morale si noble et si pure ; il se fit introduire chez Sa Majesté ; on le mena par un petit escalier, au second étage, dans un appartement mal meublé, où il trouva une femme mal vêtue, qui lui dit d'un air noble et pathétique : « Ce métier-ci ne me donne pas de quoi vivre ; un des princes que vous avez vus m'a fait un enfant ; j'accoucherai bientôt ; je manque d'argent, et sans argent on n'accouche point. » Babouc lui donna cent dariques d'or, en disant : « S'il n'y avait que ce mal-là dans la ville, Ituriel aurait tort de se fâcher. »

De là, il alla passer sa soirée chez des marchands de magnificences inutiles. Un homme intelligent, avec lequel il avait fait connaissance, l'y mena ; il acheta ce qui lui plut, et on le lui vendit avec politesse beaucoup plus qu'il ne valait. Son ami, de retour chez lui, lui fit voir combien on le trompait. Babouc mit sur ses tablettes le nom du marchand, pour le faire distinguer par Ituriel au jour de la punition de la ville. Comme il écrivait, on frappa à sa porte : c'était le marchand lui-même qui venait lui rapporter sa bourse, que Babouc avait laissée par mégarde sur son comptoir. « Comment se peut-il, s'écria Babouc, que vous soyez si fidèle et si généreux, après n'avoir pas eu de honte de me vendre des colifichets quatre fois au-dessus de leur valeur ? — Il n'y a aucun négociant un peu connu dans cette ville, lui répondit le marchand, qui ne fût venu vous rapporter votre bourse ; mais on vous a trompé quand on vous a dit que je vous avais vendu ce que vous avez pris chez moi quatre fois plus qu'il ne vaut : je vous l'ai vendu dix fois davantage, et cela est si vrai que, si dans un mois vous voulez les revendre, vous en n'aurez pas même ce dixième. Mais rien n'est plus juste : c'est la fantaisie des hommes qui met le prix à ces choses frivoles ; c'est cette fantaisie qui fait vivre cent ouvriers que j'emploie ; c'est elle qui me donne une belle maison, un char commode, des chevaux ;

c'est elle qui excite l'industrie, qui entretient le goût, la circulation et l'abondance. Je vends aux nations voisines les mêmes bagatelles plus chèrement qu'à vous, et par là je suis utile à l'empire. » Babouc, après avoir un peu rêvé, le raya de ses tablettes.

Babouc, fort incertain sur ce qu'il devait penser de Persépolis, résolut de voir les mages et les lettrés : car les uns étudient la sagesse, et les autres la religion ; et il se flatta que ceux-là obtiendraient grâce pour le reste du peuple. Dès le lendemain matin, il se transporta dans un collège de mages. L'archimandrite lui avoua qu'il avait cent mille écus de rente pour avoir fait vœu de pauvreté, et qu'il exerçait un empire assez étendu en vertu de son vœu d'humilité ; après quoi, il laissa Babouc entre les mains d'un petit frère qui lui fit les honneurs.

Tandis que ce frère lui montrait les magnificences de cette maison de pénitence, un bruit se répandit qu'il était venu pour réformer toutes ces maisons. Aussitôt il reçut des mémoires de chacune d'elles ; et les mémoires disaient tous en substance : « *Conservez-nous, et détruisez toutes les autres.* » A entendre leurs apologies, ces sociétés étaient toutes nécessaires. A entendre leurs accusations réciproques, elles méritaient toutes d'être anéanties. Il admirait comme il n'y en avait aucune d'elles qui, pour édifier l'univers, ne voulût en avoir l'empire. Alors il se présenta un petit homme qui était un demi-mage, et qui lui dit : « Je vois bien que l'œuvre va s'accomplir : car Zerdust est revenu sur la terre ; les petites filles prophétisent, en se faisant donner des coups de pincettes par devant et le fouet par derrière. Ainsi nous vous demandons votre protection contre le grand lama. — Comment ! dit Babouc, contre ce pontife-roi qui réside au Thibet ? — Contre lui-même. — Vous lui faites donc la guerre, et vous levez contre lui des armées ? — Non ; mais il dit que l'homme est libre, et nous n'en croyons rien ; nous écrivons contre lui de petits livres qu'il ne lit pas ; à peine a-t-il entendu parler de nous ; il nous a seulement fait condamner comme un maître ordonne qu'on échenille les arbres de ses jardins. » Babouc frémit de la folie de ces hommes qui faisaient profession de sagesse, des intrigues de ceux qui avaient renoncé au monde, de l'ambition et de la convoitise orgueilleuse de ceux qui enseignaient l'humilité et le désintéressement ; il conclut qu'Ituriel avait de bonnes raisons pour détruire toute cette engeance.

Retiré chez lui, il envoya chercher des livres nouveaux pour adoucir son chagrin, et il pria quelques lettrés à dîner pour se réjouir. Il en vint deux fois plus qu'il n'en avait demandé, comme les guêpes que le miel attire. Ces parasites se pressaient de manger et de parler ; ils louaient deux sortes de personnes, les morts et eux-mêmes, et jamais leurs contemporains, excepté le maître de la maison. Si quelqu'un d'eux disait un bon mot, les autres baissaient les yeux et se mordaient les lèvres de douleur de ne l'avoir pas dit. Ils avaient moins de dissimulation que les mages, parce qu'ils n'avaient pas de si grands objets d'ambition. Chacun d'eux briguait une place de valet et une réputation de grand homme ; ils se disaient en face des choses insultantes, qu'ils croyaient des traits d'esprit. Ils avaient eu quelque connaissance de la mission de Babouc. L'un d'eux le pria tout bas d'exterminer un auteur qui ne l'avait pas assez loué il y avait cinq ans ; un autre demanda la perte d'un citoyen qui n'avait jamais ri à ses comédies ; un troisième demanda l'extinction de l'Académie, parce qu'il n'avait jamais pu parvenir à y être admis. Le repas fini, chacun d'eux s'en alla seul : car il n'y avait pas dans toute la troupe deux hommes qui pussent se souffrir, ni même se parler ailleurs que chez les riches qui les invitaient à leur table. Babouc jugea qu'il n'y aurait pas grand mal quand cette vermine périrait dans la destruction générale.

Dès qu'il se fut défait d'eux, il se mit à lire quelques livres nouveaux. Il y reconnut l'esprit de ses convives. Il vit surtout avec indignation ces gazettes de la médisance, ces archives du mauvais goût, que l'envie, la bassesse et la faim ont dictées ;

ces lâches satires où l'on ménage le vautour et où l'on déchire la colombe ; ces romans dénués d'imagination, où l'on voit tant de portraits de femmes que l'auteur ne connaît pas.

Il jeta au feu tous ces détestables écrits, et sortit pour aller le soir à la promenade. On le présenta à un vieux lettré qui n'était point venu grossir le nombre de ses parasites. Ce lettré fuyait toujours la foule, connaissait les hommes, en faisait usage, et se communiquait avec discrétion. Babouc lui parla avec douleur de ce qu'il avait lu et de ce qu'il avait vu.

« Vous avez lu des choses bien méprisables, lui dit le sage lettré ; mais dans tous les temps, et dans tous les pays, et dans tous les genres, le mauvais fourmille et le bon est rare. Vous avez reçu chez vous le rebut de la pédanterie, parce que, dans toutes les professions, ce qu'il y a de plus indigne de paraître est toujours ce qui se présente avec le plus d'impudence. Les véritables sages vivent entre eux retirés et tranquilles ; il y a encore parmi nous des hommes et des livres dignes de votre attention. » Dans le temps qu'il parlait ainsi un autre lettré les joignit ; leurs discours furent si agréables et si instructifs, si élevés au-dessus des préjugés et si conformes à la vertu, que Babouc avoua n'avoir jamais rien entendu de pareil. « Voilà des hommes, disait-il tout bas, à qui l'ange Ituriel n'osera toucher, ou il sera bien impitoyable. »

Raccommodé avec les lettrés, il était toujours en colère contre le reste de la nation. « Vous êtes étranger, lui dit l'homme judicieux qui lui parlait ; les abus se présentent à vos yeux en foule, et le bien qui est caché et qui résulte quelquefois de ces abus mêmes, vous échappe. » Alors il apprit que parmi les lettrés il y en avait quelques-uns qui n'étaient pas envieux, et que parmi les mages même il y en avait de vertueux. Il conçut à la fin que ces grands corps, qui semblaient en se choquant préparer leurs communes ruines, étaient au fond des institutions salutaires ; que chaque société de mages était un frein à ses rivales ; que si ces émules différaient dans quelques opinions, ils enseignaient tous la même morale, qu'ils instruisaient le peuple, et qu'ils vivaient soumis aux lois, semblables aux précepteurs qui veillent sur le fils de la maison tandis que le maître veille sur eux-mêmes. Il en pratiqua plusieurs, et vit des âmes célestes. Il apprit même que parmi les fous qui prétendaient faire la guerre au grand lama il y avait eu de très grands hommes. Il soupçonna enfin qu'il pourrait bien en être des mœurs de Persépolis comme des édifices, dont les uns lui avaient paru dignes de pitié, et les autres l'avaient ravi en admiration.

Il dit à son lettré : « Je conçois très bien que ces mages que j'avais crus si dangereux sont en effet très utiles, surtout quand un gouvernement sage les empêche de se rendre trop nécessaires ; mais vous m'avouerez au moins que vos jeunes magistrats, qui achètent une charge de juge dès qu'ils ont appris à monter à cheval, doivent étaler dans les tribunaux tout ce que l'impertinence a de plus ridicule et tout ce que l'iniquité a de plus pervers ; il vaudrait mieux sans doute donner ces places gratuitement à ces vieux jurisconsultes qui ont passé toute leur vie à peser le pour et le contre. »

Le lettré lui répliqua : « Vous avez vu notre armée avant d'arriver à Persépolis ; vous savez que nos jeunes officiers se battent très bien, quoiqu'ils aient acheté leurs charges ; peut-être verrez-vous que nos jeunes magistrats ne jugent pas mal, quoiqu'ils aient payé pour juger. »

Il le mena le lendemain au grand tribunal, où l'on devait rendre un arrêt important. La cause était connue de tout le monde. Tous ces vieux avocats qui en parlaient étaient flottants dans leurs opinions ; ils alléguaient cent lois, dont aucune n'était applicable au fond de la question ; ils regardaient l'affaire par cent côtés, dont aucun n'était dans son vrai jour ; les juges décidèrent plus vite que les avocats ne doutèrent. Leur jugement fut presque unanime ; ils jugèrent bien, parce qu'ils suivaient les lumières de la raison, et les autres avaient opiné mal, parce qu'ils n'avaient consulté que leurs livres.

Babouc conclut qu'il y avait souvent de très bonnes choses dans les abus. Il vit dès le jour même que les richesses des financiers, qui l'avaient tant révolté, pouvaient produire un effet excellent : car, l'empereur ayant eu besoin d'argent, il trouva

en une heure, par leur moyen, ce qu'il n'aurait
pas eu en six mois par les voies ordinaires ; il vit
que ces gros nuages, enflés de la rosée de la terre,
lui rendaient en pluie ce qu'ils en recevaient. D'ailleurs les enfants de ces hommes nouveaux, souvent
mieux élevés que ceux des familles plus anciennes,
valaient quelquefois beaucoup mieux : car rien
n'empêche qu'on ne soit un bon juge, un brave
guerrier, un homme d'État habile, quand on a eu
un père bon calculateur.

Insensiblement Babouc faisait grâce à l'avidité
du financier, qui n'est pas au fond plus avide que
les autres hommes, et qui est nécessaire. Il excu-
sait la folie de se ruiner pour juger et pour se
battre, folie qui produit de grands magistrats et
des héros. Il pardonnait à l'envie des lettrés,
parmi lesquels il se trouvait des hommes qui éclai-
raient le monde ; il se réconciliait avec les mages
ambitieux et intrigants, chez lesquels il y avait
plus de grandes vertus encore que de petits vices ;
mais il lui restait encore bien des griefs, et surtout
les galanteries des dames, et les désolations qui en
devaient être la suite, le remplissaient d'inquiétude et d'effroi.

Comme il voulait pénétrer dans toutes les con-
ditions humaines, il se fit mener chez un ministre ;
mais il tremblait toujours en chemin que quelque
femme ne fût assassinée en sa présence par son

mari. Arrivé chez l'homme d'État, il resta deux heures dans l'antichambre sans être annoncé, et deux heures encore après l'avoir été. Il se promettait bien, dans cet intervalle, de recommander à l'ange Ituriel et le ministre et ses insolents huissiers. L'antichambre était remplie de dames de tout étage, de mages de toutes couleurs, de juges, de marchands, d'officiers, de pédants ; tous se plaignaient du ministre. L'avare et l'usurier disaient : « Sans doute cet homme-là pille les provinces » ; le capricieux lui reprochait d'être bizarre ; le voluptueux disait : « Il ne songe qu'à ses plaisirs » ; l'intrigant se flattait de le voir bientôt perdu par une cabale ; les femmes espéraient qu'on leur donnerait bientôt un ministre plus jeune.

Babouc entendait leurs discours ; il ne put s'empêcher de dire : « Voilà un homme bien heureux ; il a tous ses ennemis dans son antichambre ; il écrase de son pouvoir ceux qui l'envient, il voit à ses pieds ceux qui le détestent. » Il entra enfin : il vit un petit vieillard courbé sous le poids des années et des affaires, mais encore vif et plein d'esprit.

Babouc lui plut, et il parut à Babouc un homme estimable. La conversation devint intéressante. Le ministre lui avoua qu'il était un homme très malheureux ; qu'il passait pour riche, et qu'il était pauvre ; qu'on le croyait tout-puissant, et qu'il était toujours contredit ; qu'il n'avait guère obligé que des ingrats, et que dans un travail continuel de quarante années il avait eu à peine un moment de consolation. Babouc en fut touché, et pensa que, si cet homme avait fait des fautes, et si l'ange Ituriel voulait le punir, il ne fallait pas l'exterminer, mais seulement lui laisser sa place.

Tandis qu'il parlait au ministre entre brusquement la belle dame chez qui Babouc avait dîné. On voyait dans ses yeux et sur son front les symptômes de la douleur et de la colère : elle éclata en reproches contre l'homme d'État ; elle versa des larmes ; elle se plaignit avec amertume de ce qu'on avait refusé à son mari une place où sa naissance lui permettait d'aspirer, et que ses services et ses blessures méritaient ; elle s'exprima avec tant de force, elle mit tant de grâces dans ses plaintes, elle détruisit les objections avec tant d'adresse, elle fit valoir les raisons avec tant d'éloquence, qu'elle ne sortit point de la chambre sans avoir fait la fortune de son mari.

Babouc lui donna la main. « Est-il possible, Madame, lui dit-il, que vous vous soyez donné toute cette peine pour un homme que vous n'aimez point, et dont vous avez tout à craindre ? — Un homme que je n'aime point ! s'écria-t-elle : sachez que mon mari est le meilleur ami que j'aie au monde, qu'il n'y a rien que je ne lui sacrifie, hors mon amant, et qu'il ferait tout pour moi, hors de quitter sa maîtresse. Je veux vous la faire connaître : c'est une femme charmante, pleine d'esprit et du meilleur caractère du monde ; nous soupons ensemble ce soir avec mon mari et mon petit mage ; venez partager notre joie. »

La dame mena Babouc chez elle. Le mari, qui était enfin arrivé plongé dans la douleur, revit sa femme avec des transports d'allégresse et de reconnaissance ; il embrassait tour à tour sa femme, sa maîtresse, le petit mage et Babouc. L'union, la gaieté, l'esprit et les grâces furent l'âme de ce repas. « Apprenez, lui dit la belle dame chez laquelle il soupait, que celles qu'on appelle quelquefois de malhonnêtes femmes ont presque toujours le mérite d'un très honnête homme, et, pour vous en convaincre, venez demain dîner avec moi chez la belle Téone. Il y a quelques vieilles vestales qui la déchirent ; mais elle fait plus de bien qu'elles toutes ensemble. Elle ne commettrait pas une légère injustice pour le plus grand intérêt ; elle ne donne à son amant que des conseils généreux ; elle n'est occupée que de sa gloire ; il rougirait devant elle s'il avait laissé échapper une occasion de faire du bien, car rien n'encourage plus aux actions vertueuses que d'avoir pour témoin et pour juge de sa conduite une maîtresse dont on veut mériter l'estime. »

Babouc ne manqua pas au rendez-vous. Il vit une maison où régnaient tous les plaisirs ; Téone régnait sur eux ; elle savait parler à chacun son langage. Son esprit naturel mettait à son aise celui des autres ; elle plaisait sans presque le vouloir ; elle était aussi aimable que bienfaisante ; et, ce qui augmentait le prix de toutes ses qualités, elle était belle.

Babouc, tout Scythe et tout envoyé qu'il était d'un génie, s'aperçut que, s'il restait encore à Persépolis, il oublierait Ituriel pour Téone. Il s'affectionnait à la ville, dont le peuple était poli, doux et bienfaisant, quoique léger, médisant et plein de vanité. Il craignait que Persépolis ne fût condamnée ; il craignait même le compte qu'il allait rendre.

Voici comme il s'y prit pour rendre ce compte. Il fit faire par le meilleur fondeur de la ville une petite statue composée de tous les métaux, des terres et des pierres les plus précieuses et les plus viles ; il la porta à Ituriel : « Casserez-vous, dit-il, cette jolie statue, parce que tout n'y est pas or et diamants ? » Ituriel entendit à demi-mot ; il résolut de ne pas même songer à corriger Persépolis, et de laisser aller *le monde comme il va* : « car, dit-il, *si tout n'est pas bien, tout est passable* ». On laissa donc subsister Persépolis ; et Babouc fut bien loin de se plaindre, comme Jonas qui se fâcha de ce qu'on ne détruisait pas Ninive. Mais, quand on a été trois jours dans le corps d'une baleine, on n'est pas de si bonne humeur que quand on a été à l'opéra, à la comédie, et qu'on a soupé en bonne compagnie.

LE
CROCHETEUR BORGNE.

LE
CROCHETEUR BORGNE

Nos deux yeux ne rendent pas notre condition meilleure ; l'un nous sert à voir les biens, et l'autre les maux de la vie. Bien des gens ont la mauvaise habitude de fermer le premier, et bien peu ferment le second : voilà pourquoi il y a tant de gens qui aimeraient mieux être aveugles que de voir tout ce qu'ils voient. Heureux les borgnes qui ne sont privés que de ce mauvais œil qui gâte tout ce qu'on regarde ! Mesrour en est un exemple.

Il aurait fallu être aveugle pour ne pas voir que Mesrour était borgne. Il l'était de naissance ; mais c'était un borgne si content de son état qu'il ne s'était jamais avisé de désirer un autre œil. Ce n'étaient point les dons de la fortune qui le consolaient des torts de la nature, car il était simple crocheteur et n'avait d'autre trésor que ses épaules ; mais il était heureux, et il montrait qu'un œil de plus et de la peine de moins contribuent bien peu au bonheur. L'argent et l'appétit lui venaient toujours en proportion de l'exercice qu'il faisait : il travaillait le matin, mangeait et buvait le soir, dormait la nuit, et regardait tous ses jours comme autant de vies séparées, en sorte que le soin de l'avenir ne le troublait jamais dans la jouissance du présent. Il était, comme vous le voyez, tout à la fois borgne, crocheteur et philosophe.

Il vit par hasard passer dans un char brillant une grande princesse qui avait un œil de plus que lui, ce qui ne l'empêcha pas de la trouver fort belle, et, comme les borgnes ne diffèrent des autres hommes qu'en ce qu'ils ont un œil de moins, il en devint éperdument amoureux.

On dira peut-être que, quand on est crocheteur et borgne, il ne faut point être amoureux, surtout d'une grande princesse, et, qui plus est, d'une princesse qui a deux yeux : je conviens qu'on a bien à craindre de ne pas plaire ; cependant, comme il n'y a point d'amour sans espérance, et que notre crocheteur aimait, il espéra.

Comme il avait plus de jambes que d'yeux, et qu'elles étaient bonnes, il suivit l'espace de quatre lieues le char de sa déesse, que six grands chevaux blancs traînaient avec une grande rapidité. La mode dans ce temps-là, parmi les dames, était de voyager sans laquais et sans cocher et de se mener elles-mêmes ; les maris voulaient qu'elles fussent toujours toutes seules, afin d'être plus sûrs de leur vertu, ce qui est directement opposé au sentiment des moralistes, qui disent qu'il n'y a point de vertu dans la solitude.

Mesrour courait toujours à côté des roues du char, tournant son bon œil du côté de la dame, qui était étonnée de voir un borgne de cette agilité. Pendant qu'il prouvait ainsi qu'on est infatigable pour ce qu'on aime, une bête fauve, poursuivie par

des chasseurs, traversa le grand chemin et effraya
les chevaux, qui, ayant pris le mors aux dents,
entraînaient la belle dans un précipice ; son nouvel
amant, plus effrayé encore qu'elle, quoiqu'elle le
fût beaucoup, coupa les traits avec une adresse
merveilleuse ; les six chevaux blancs firent seuls le
saut périlleux, et la dame, qui n'était pas moins
blanche qu'eux, en fut quitte pour la peur. « Qui
que vous soyez, lui dit-elle, je n'oublierai jamais
que je vous dois la vie ; demandez-moi tout ce que
vous voudrez : tout ce que j'ai est à vous. — Ah !
je puis avec bien plus de raison, répondit Mesrour,
vous en offrir autant ; mais, en vous l'offrant, je
vous en offrirai toujours moins : car je n'ai qu'un
œil, et vous en avez deux ; mais un œil qui vous
regarde vaut mieux que deux yeux qui ne voient
point les vôtres. » La dame sourit, car les galanteries d'un borgne sont toujours des galanteries,
et les galanteries font toujours sourire. « Je voudrais bien pouvoir vous donner un autre œil, lui
dit-elle, mais votre mère pouvait seule vous faire
ce présent-là ; suivez-moi toujours. » A ces mots
elle descend de son char et continue sa route à
pied ; son petit chien descendit aussi et marchait à
pied à côté d'elle, aboyant après l'étrange figure
de son écuyer. J'ai tort de lui donner le titre
d'écuyer, car il eut beau offrir son bras, la dame
ne voulut jamais l'accepter, sous prétexte qu'il
était trop sale ; et vous allez voir qu'elle fut la
dupe de sa propreté. Elle avait de fort petits
pieds, et des souliers encore plus petits que ses

pieds, en sorte qu'elle n'était ni faite ni chaussée de manière à soutenir une longue marche.

De jolis pieds consolent d'avoir de mauvaises jambes, lorsqu'on passe sa vie sur sa chaise longue au milieu d'une foule de petits-maîtres ; mais à quoi servent des souliers brodés en paillettes dans un chemin pierreux, où ils ne peuvent être vus que par un crocheteur, et encore par un crocheteur qui n'a qu'un œil ? Mélinade (c'est le nom de la dame, que j'ai eu mes raisons pour ne pas dire jusqu'ici, parce qu'il n'était pas encore fait) avançait comme elle pouvait, maudissant son cordonnier, déchirant ses souliers, écorchant ses pieds et se donnant des entorses à chaque pas. Il y avait environ une heure et demie qu'elle marchait du train des grandes dames, c'est-à-dire qu'elle avait déjà fait près d'un quart de lieue, lorsqu'elle tomba de fatigue sur la place.

Le Mesrour, dont elle avait refusé les secours pendant qu'elle était debout, balançait à les lui offrir, dans la crainte de la salir en la touchant : car il savait bien qu'il n'était pas propre ; la dame le lui avait assez clairement fait entendre, et la comparaison qu'il avait faite en chemin entre lui et sa maîtresse le lui avait fait voir encore plus clairement. Elle avait une robe d'une légère étoffe d'argent, semée de guirlandes de fleurs, qui laissait briller la beauté de sa taille ; et lui avait un sarrau brun taché en mille endroits, troué et rapiécé, en sorte que les pièces étaient à côté des trous, et point dessus, où elles auraient pourtant été plus à leur place. Il avait comparé ses mains nerveuses et couvertes de durillons avec deux petites mains plus blanches et plus délicates que les lis. Enfin il avait vu les beaux cheveux blonds de Mélinade, qui paraissaient à travers un léger voile de gaze, relevés les uns en tresse et les autres en boucles, et il n'avait à mettre à côté de cela que des crins noirs, hérissés, crépus et n'ayant pour tout ornement qu'un turban déchiré.

Cependant Mélinade essaye de se relever ; mais elle retombe bientôt, et si malheureusement que ce qu'elle laissa voir à Mesrour lui ôta le peu de raison que la vue du visage de la princesse avait pu lui laisser. Il oublia qu'il était crocheteur, qu'il était borgne, et il ne songea plus à la distance que la fortune avait mise entre Mélinade et lui ; à peine se souvint-il qu'il était amant, car il manqua à la délicatesse qu'on dit inséparable d'un véritable amour, et qui en fait quelquefois le charme et plus souvent l'ennui ; il se servit des droits que son état de crocheteur lui donnait à la brutalité, il fut brutal et heureux. La princesse alors était sans doute évanouie, ou bien elle gémissait sur son sort ; mais, comme elle était juste, elle bénissait sûrement le destin de ce que toute infortune porte avec elle sa consolation.

La nuit avait étendu ses voiles sur l'horizon, et elle cachait de son ombre le véritable bonheur de Mesrour et les prétendus malheurs de Mélinade ; Mesrour goûtait les plaisirs des parfaits amants, et il les goûtait en crocheteur, c'est-à-dire (à la honte de l'humanité) de la manière la plus parfaite ; les faiblesses de Mélinade lui reprenaient à chaque instant, et à chaque instant son amant reprenait des forces. « Puissant Mahomet ! dit-il une fois en homme transporté, mais en mauvais catholique, il ne manque à ma félicité que d'être sentie par celle qui la cause ; pendant que je suis dans ton paradis, divin prophète, accorde-moi encore une faveur : c'est d'être aux yeux de Mélinade ce qu'elle serait à mon œil s'il faisait jour. » Il finit de prier, et continua de jouir. L'Aurore, toujours trop diligente pour les amants, surprit Mesrour et Mélinade dans l'attitude où elle aurait pu être surprise elle-même, un moment auparavant, avec Tithon ; mais quel fut l'étonnement de Mélinade quand, ouvrant les yeux aux premiers rayons du jour, elle se vit dans un lieu enchanté avec un jeune homme d'une taille noble, dont le visage ressemblait à l'astre dont la terre attendait le retour ! Il avait des joues de rose, des lèvres de corail ; ses grands yeux, tendres et vifs tout à la fois, exprimaient et inspiraient la volupté ; son carquois d'or, orné de pierreries, était suspendu à ses épaules, et le plaisir faisait seul sonner ses flèches ; sa longue chevelure, retenue par une attache de diamants, flottait librement sur ses reins, et une étoffe transparente, brodée de perles, lui servait d'habillement et ne cachait rien de la beauté de son corps. « Où suis-je, et qui êtes-vous ? s'écria Mélinade dans l'excès de sa surprise. — Vous êtes, répondit-il, avec le misérable qui a eu le bonheur de vous sauver la vie, et qui s'est si bien payé de ses peines. »

Mélinade, aussi aise qu'étonnée, regretta que la métamorphose de Mesrour n'eût pas commencé plus tôt. Elle s'approche d'un palais brillant qui frappait sa vue, et lut cette inscription sur la porte : « Éloignez-vous, profanes ; ces portes ne s'ouvriront que pour le maître de l'anneau. » Mesrour s'approche à son tour pour lire la même inscription ; mais il vit d'autres caractères, et lut ces mots : « Frappe sans crainte. » Il frappa, et aussitôt les portes s'ouvrirent d'elles-mêmes avec un grand bruit. Les deux amants entrèrent, au son de mille voix et de mille instruments, dans un vestibule de marbre de Paros ; de là ils passèrent dans une salle superbe, où un festin délicieux les attendait depuis douze cent cinquante ans sans qu'aucun des plats fût encore refroidi : ils se mirent à table, et furent servis chacun par mille esclaves de la plus grande beauté ; le repas fut entremêlé de concerts et de danses, et, quand il fut fini, tous les génies vinrent dans le plus grand ordre, partagés en différentes troupes, avec des habits aussi magnifiques que singuliers, prêter serment de fidélité au maître de l'anneau et baiser le doigt sacré auquel il le portait.

Cependant il y avait à Bagdad un musulman fort dévot qui, ne pouvant aller se laver dans la mosquée, faisait venir l'eau de la mosquée chez lui moyennant une légère rétribution qu'il payait au prêtre. Il venait de faire la cinquième ablution

pour se disposer à la cinquième prière ; et sa servante, jeune étourdie très peu dévote, se débar-
rassa de l'eau sacrée en la jetant par la fenêtre.
Elle tomba sur un malheureux endormi profondément au coin d'une borne qui lui servait de chevet.
Il fut inondé et s'éveilla. C'était le pauvre Mesrour, qui, revenant de son séjour enchanté, avait
perdu dans son voyage l'anneau de Salomon. Il
avait quitté ses superbes vêtements et repris son
sarrau ; son beau carquois d'or était changé en
crochet de bois, et il avait, pour comble de malheur, laissé un de ses yeux en chemin. Il se ressouvint alors qu'il avait bu la veille une grande
quantité d'eau-de-vie qui avait assoupi ses sens et
échauffé son imagination.

Il avait jusque-là aimé cette liqueur par goût ;
il commença à l'aimer par reconnaissance, et il
retourna avec gaieté à son travail, bien résolu
d'en employer le salaire à acheter les moyens de
retrouver sa chère Mélinade. Un autre se serait
désolé d'être un vilain borgne, après avoir eu deux
beaux yeux ; d'éprouver les refus des balayeuses
du palais, après avoir joui des faveurs d'une princesse plus belle que les maîtresses du calife, et
d'être au service de tous les bourgeois de Bagdad,
après avoir régné sur tous les génies ; mais Mesrour n'avait point l'œil qui voit le mauvais côté
des choses.

COSI-SANCTA

UN PETIT MAL POUR UN GRAND BIEN

NOUVELLE AFRICAINE

COSI-SANCTA

C'EST une maxime faussement établie, qu'il n'est pas permis de faire un petit mal dont un plus grand bien pourrait résulter. Saint Augustin a été entièrement de cet avis, comme il est aisé de le voir dans le récit de cette petite aventure arrivée dans son diocèse sous le proconsulat de Septimus Acindynus, et rapportée dans le livre de *la Cité de Dieu*.

Il y avait à Hippone un vieux curé grand inventeur de confréries, confesseur de toutes les jeunes filles du quartier, et qui passait pour un homme inspiré de Dieu, parce qu'il se mêlait de dire la bonne aventure, métier dont il se tirait assez passablement.

On lui amena un jour une jeune fille nommée Cosi-Sancta : c'était la plus belle personne de la province. Elle avait un père et une mère jansénistes, qui l'avaient élevée dans les principes de la vertu la plus rigide ; et de tous les amants qu'elle avait eus, aucun n'avait pu seulement lui causer, dans ses oraisons, un moment de distraction. Elle était accordée depuis quelques jours à un petit vieillard ratatiné, nommé Capito, conseiller au présidial d'Hippone. C'était un petit homme bourru et chagrin qui ne manquait pas d'esprit, mais qui était pincé dans la conversation, ricaneur et assez mauvais plaisant, jaloux d'ailleurs comme un Vénitien, et qui pour rien au monde ne se serait accommodé d'être l'ami des galants de sa femme. La jeune créature faisait tout ce qu'elle pouvait pour l'aimer parce qu'il devait être son mari; elle y allait de la meilleure foi du monde, et cependant n'y réussissait guère.

Elle alla consulter son curé pour savoir si son mariage serait heureux. Le bonhomme lui dit d'un ton de prophète : « Ma fille, ta vertu causera bien des malheurs; mais tu seras un jour canonisée pour avoir fait trois infidélités à ton mari. »

Cet oracle étonna et embarrassa cruellement l'innocence de cette belle fille. Elle pleura; elle en demanda l'explication, croyant que ces paroles cachaient quelque sens mystique; mais toute l'explication qu'on lui donna fut que les trois fois ne devaient point s'entendre de trois rendez-vous avec le même amant, mais de trois aventures différentes.

Alors Cosi-Sancta jeta les hauts cris; elle dit même quelques injures au curé, et jura qu'elle ne serait jamais canonisée. Elle le fut pourtant, comme vous l'allez voir.

Elle se maria bientôt après : la noce fut très galante; elle soutint assez bien tous les mauvais discours qu'elle eut à essuyer, toutes les équivoques fades, toutes les grossièretés assez mal enveloppées dont on embarrasse ordinairement la pudeur des jeunes mariées. Elle dansa de fort bonne grâce avec quelques jeunes gens fort bien faits et très jolis, à qui son mari trouvait le plus mauvais air du monde.

Elle se mit au lit auprès du petit Capito avec un peu de répugnance. Elle passa une fort bonne partie de la nuit à dormir, et se réveilla toute rêveuse. Son mari était pourtant moins le sujet de sa rêverie qu'un jeune homme, nommé Ribaldos, qui lui avait donné dans la tête sans qu'elle en sût rien. Ce jeune homme semblait formé par les mains de l'Amour : il en avait les grâces, la hardiesse et la friponnerie; il était un peu indiscret, mais il ne l'était qu'avec celles qui le voulaient bien : c'était la coqueluche d'Hippone. Il avait brouillé toutes les femmes de la ville les unes contre les autres, et il l'était avec tous les maris et toutes les mères. Il aimait d'ordinaire par étourderie, un peu par vanité; mais il aima Cosi-Sancta par goût, et l'aima d'autant plus éperdument que la conquête en était plus difficile.

Il s'attacha d'abord, en homme d'esprit, à plaire au mari. Il lui faisait mille avances, le louait sur sa bonne mine et sur son esprit aisé et galant. Il perdait contre lui de l'argent au jeu et avait tous les jours quelque confidence de rien à lui faire. Cosi-Sancta le trouvait le plus aimable du monde : elle l'aimait déjà plus qu'elle ne croyait; elle ne s'en doutait point, mais son mari s'en douta pour elle. Quoiqu'il eût tout l'amour-propre qu'un petit homme peut avoir, il ne laissa pas de se douter que les visites de Ribaldos n'étaient pas pour lui

seul. Il rompit avec lui sur quelque mauvais prétexte, et lui défendit sa maison.

Cosi-Sancta en fut très fâchée, et n'osa le dire;
et Ribaldos, devenu plus amoureux par les diffi-
cultés, passa tout son temps à épier les moments
de la voir. Il se déguisa en moine, en revendeuse
à la toilette, en joueur de marionnettes; mais il
n'en fit point assez pour triompher de sa maîtresse,
et il en fit trop pour n'être pas reconnu par le
mari. Si Cosi-Sancta avait été d'accord avec
son amant, ils auraient si bien pris leurs mesures
que le mari n'aurait rien pu soupçonner; mais,
comme elle combattait son goût et qu'elle n'a-
vait rien à se reprocher, elle sauvait tout, hors
les apparences, et son mari la croyait très
coupable.

Le petit bonhomme, qui était très colère et
qui s'imaginait que son honneur dépendait de la
fidélité de sa femme, l'outragea cruellement, et la
punit de ce qu'on la trouvait belle. Elle se trouva
dans la plus horrible situation où une femme
puisse être : accusée injustement et maltraitée
par un mari à qui elle était fidèle, et déchirée
par une passion violente qu'elle cherchait à sur-
monter.

Elle crut que, si son amant cessait ses poursuites, son mari pourrait cesser ses injustices, et
qu'elle serait assez heureuse pour se guérir d'un
amour que rien ne nourrirait plus. Dans cette vue,
elle se hasarda d'écrire cette lettre à Ribaldos :

Si vous avez de la vertu, cessez de me rendre malheureuse : vous m'aimez, et votre amour m'expose aux soupçons et aux violences d'un maître que je me suis donné pour le reste de ma vie. Plût au Ciel que ce fût encore le seul risque que j'eusse à courir! Par pitié pour moi, cessez vos poursuites; je vous en conjure par cet amour même qui fait votre malheur et le mien, et qui ne peut jamais vous rendre heureux.

La pauvre Cosi-Sancta n'avait pas prévu qu'une lettre si tendre, quoique si vertueuse, ferait un effet tout contraire à celui qu'elle espérait. Elle enflamma plus que jamais le cœur de son amant, qui résolut d'exposer sa vie pour voir sa maîtresse.

Capito, qui était assez sot pour vouloir être averti de tout et qui avait de bons espions, fut averti que Ribaldos s'était déguisé en frère carme quêteur pour demander la charité à sa femme. Il se crut perdu : il imagina que l'habit d'un carme était bien plus dangereux qu'un autre pour l'honneur d'un mari. Il aposta des gens pour étriller frère Ribaldos; il ne fut que trop bien servi. Le jeune homme, en entrant dans la maison, est reçu par ces messieurs : il a beau crier qu'il est un très honnête carme, et qu'on ne traite point ainsi de pauvres religieux, il fut assommé, et mourut, à quinze jours de là, d'un coup qu'il avait reçu sur la tête. Toutes les femmes de la ville pleurèrent. Cosi-Sancta en fut inconsolable; Capito même en fut fâché, mais par une autre raison, car il se trouvait une très méchante affaire sur les bras.

Ribaldos était parent du proconsul Acindynus. Ce Romain voulut faire une punition exemplaire de cet assassinat, et comme il avait eu quelques querelles autrefois avec le présidial d'Hippone, il ne fut pas fâché d'avoir de quoi faire pendre un conseiller ; et il fut fort aise que le sort tombât sur Capito, qui était bien le plus vain et le plus insupportable petit robin du pays.

Cosi-Sancta avait donc vu assassiner son amant, et était près de voir pendre son mari ; et tout cela pour avoir été vertueuse : car, comme je l'ai déjà dit, si elle avait donné ses faveurs à Ribaldos, le mari en eût été bien mieux trompé.

Voilà comme la moitié de la prédiction du curé fut accomplie. Cosi-Sancta se ressouvint alors de l'oracle, elle craignit fort d'en accomplir le reste ; mais, ayant bien fait réflexion qu'on ne peut vaincre sa destinée, elle s'abandonna à la Providence, qui la mena au but par les chemins du monde les plus honnêtes.

Le proconsul Acindynus était un homme plus débauché que voluptueux, s'amusant très peu aux préliminaires, brutal, familier, vrai héros de garnison, très craint dans la province, et avec qui toutes les femmes d'Hippone avaient eu affaire, uniquement pour ne se pas brouiller avec lui.

Il fit venir chez lui Mme Cosi-Sancta : elle arriva en pleurs ; mais elle n'en avait que plus de charmes. « Votre mari, madame, lui dit-il, va être pendu, et il ne tient qu'à vous de le sauver. — Je donnerais ma vie pour la sienne, lui dit la dame.

« — Ce n'est pas cela qu'on vous demande, répliqua le proconsul. — Et que faut-il donc faire? dit-elle. — Je ne veux qu'une de vos nuits, reprit le proconsul. — Elles ne m'appartiennent pas, dit Cosi-Sancta; c'est un bien qui est à mon mari. Je donnerai mon sang pour le sauver, mais je ne puis donner mon honneur. — Mais si votre mari y consent? dit le proconsul. — Il est le maître, répondit la dame : chacun fait de son bien ce qu'il veut. Mais je connais mon mari; il n'en fera rien : c'est un petit homme têtu, tout propre à se laisser pendre plutôt que de permettre qu'on me touche du bout du doigt. — Nous allons voir cela », dit le juge en colère.

Sur-le-champ il fait venir devant lui le criminel; il lui propose ou d'être pendu, ou d'être cocu : il n'y avait point à balancer. Le petit bonhomme se fit pourtant tirer l'oreille. Il fit enfin ce que tout autre aurait fait à sa place. Sa femme, par charité, lui sauva la vie ; et ce fut la première des trois fois.

Le même jour son fils tomba malade d'une maladie fort extraordinaire, inconnue à tous les médecins d'Hippone. Il n'y en avait qu'un qui eût des secrets pour cette maladie; encore demeurait-il à Aquila, à quelques lieues d'Hippone. Il était défendu alors à un médecin établi dans une ville d'en sortir pour aller exercer sa profession dans une autre. Cosi-Sancta fut obligée elle-même d'aller à sa porte à Aquila, avec un frère qu'elle avait, et qu'elle aimait tendrement. Dans les chemins elle fut arrêtée par des brigands. Le chef de ces messieurs la trouva très jolie ; et, comme on était près de tuer son frère, il s'approcha d'elle, et lui dit que, si elle voulait avoir un peu de complaisance, on ne tuerait point son frère et qu'il ne lui en coûterait rien. La chose était pressante : elle venait de sauver la vie à son mari, qu'elle n'aimait guère ; elle allait perdre un frère qu'elle aimait beaucoup ; d'ailleurs le danger de son fils l'alarmait : il n'y avait pas de moment à perdre. Elle se recommanda à Dieu, fit tout ce qu'on voulut ; et ce fut la seconde des trois fois.

Elle arriva le même jour à Aquila, et descendit chez le médecin. C'était un de ces médecins à la mode que les femmes envoient chercher quand elles ont des vapeurs, ou quand elles n'ont rien du tout. Il était le confident des unes, l'amant des autres ; homme poli, complaisant, un peu brouillé d'ailleurs avec la Faculté, dont il avait fait de fort bonnes plaisanteries dans l'occasion.

Cosi-Sancta lui exposa la maladie de son fils, et lui offrit un gros sesterce. (Vous remarquerez qu'un gros sesterce fait, en monnaie de France, mille écus et plus.) « Ce n'est pas de cette monnaie, Madame, que je prétends être payé, lui dit le galant médecin. Je vous offrirais moi-même tout mon bien si vous étiez dans le goût de vous faire payer des cures que vous pouvez faire : guérissez-moi seulement du mal que vous me faites, et je rendrai la santé à votre fils. »

La proposition parut extravagante à la dame ;

mais le destin l'avait accoutumée aux choses bizarres. Le médecin était un opiniâtre qui ne voulait point d'autre prix de son remède. Cosi-Sancta n'avait point de mari à consulter; et le moyen de laisser mourir un fils qu'elle adorait, faute du plus petit secours du monde qu'elle pouvait lui donner! Elle était aussi bonne mère que bonne sœur. Elle acheta le remède au prix qu'on voulut; et ce fut la dernière des trois fois.

Elle revint à Hippone avec son frère, qui ne cessait de la remercier, durant le chemin, du courage avec lequel elle lui avait sauvé la vie.

Ainsi Cosi-Sancta, pour avoir été trop sage, fit périr son amant et condamner à mort son mari, et, pour avoir été complaisante, conserva les jours de son frère, de son fils et de son mari. On trouva qu'une pareille femme était fort nécessaire dans une famille; on la canonisa après sa mort pour avoir fait tant de bien à ses parents en se mortifiant, et l'on grava sur son tombeau :

UN PETIT MAL POUR UN GRAND BIEN.

ZADIG
OU LA DESTINÉE

HISTOIRE ORIENTALE

APPROBATION

Je soussigné, qui me suis fait passer pour savant, et même pour homme d'esprit, ai lu ce manuscrit, que j'ai trouvé, malgré moi, curieux, amusant, moral, philosophique, digne de plaire à ceux mêmes qui haïssent les romans. Ainsi je l'ai décrié, et j'ai assuré M. le cadilesquier que c'est un ouvrage détestable.

ÉPITRE DÉDICATOIRE
DE ZADIG
A LA SULTANE SHERAA
PAR SADI

Le 18 du mois de Shevval, l'an 837 de l'hégire.

CHARME *des prunelles, tourment des cœurs, lumière de l'esprit, je ne baise point la poussière de vos pieds, parce que vous ne marchez guère, ou que vous marchez sur des tapis d'Iran ou sur des roses. Je vous offre la traduction d'un livre d'un ancien sage, qui, ayant le bonheur de n'avoir rien à faire, eut celui de s'amuser à écrire l'histoire de* ZADIG, *ouvrage qui dit plus qu'il ne semble dire. Je vous prie de le lire et d'en juger: car, quoique vous soyez dans le printemps de votre vie, quoique tous les plaisirs vous cherchent, quoique vous soyez belle, et que vos talents ajoutent à votre beauté; quoiqu'on vous loue du soir au matin, et que par toutes ces raisons vous soyez en droit de n'avoir pas le sens commun, cependant vous avez l'esprit très sage et le goût très fin, et je vous ai entendue raisonner mieux que de vieux derviches à longue barbe et à bonnet pointu. Vous êtes discrète, et vous n'êtes point défiante; vous êtes douce sans être faible; vous êtes bienfaisante avec discernement; vous aimez vos amis, et vous ne vous faites point d'ennemis. Votre esprit n'emprunte jamais ses agréments des traits de la médisance: vous ne dites*

de mal ni n'en faites, malgré la prodigieuse facilité
que vous y auriez. Enfin votre âme m'a toujours paru
pure comme votre beauté. Vous avez même un petit
fonds de philosophie qui m'a fait croire que vous pren-
driez plus de goût qu'une autre à cet ouvrage d'un sage.

Il fut écrit d'abord en ancien chaldéen, que ni vous
ni moi n'entendons. On le traduisit en arabe, pour
amuser le célèbre sultan Ouloug-beg. C'était du temps
où les Arabes et les Persans commençaient à écrire des
MILLE ET UNE NUITS, des MILLE ET UN JOURS, etc.
Ouloug aimait mieux la lecture de ZADIG ; mais les
sultanes aimaient mieux les MILLE ET UN. « Comment pouvez-vous préférer, leur disait le sage Ouloug,
des contes qui sont sans raison et qui ne signifient
rien ? — C'est précisément pour cela que nous les ai-
mons », répondaient les sultanes.

Je me flatte que vous ne leur ressemblerez pas, et
que vous serez un vrai Ouloug. J'espère même que,
quand vous serez lasse des conversations générales,
qui ressemblent assez aux MILLE ET UN, à cela près
qu'elles sont moins amusantes, je pourrai trouver une
minute pour avoir l'honneur de vous parler raison. Si
vous aviez été Thalestris du temps de Scander, fils de
Philippe ; si vous aviez été la reine de Sabée du temps
de Soleiman, c'eussent été ces rois qui auraient fait le
voyage.

Je prie les vertus célestes que vos plaisirs soient sans
mélange, votre beauté durable et votre bonheur sans fin.

SADI.

ZADIG

CHAPITRE PREMIER
LE BORGNE

Du temps du roi Moabdar, il y avait à Babylone un jeune homme nommé Zadig, né avec un beau naturel fortifié par l'éducation. Quoique riche et jeune, il savait modérer ses passions ; il n'affectait rien ; il ne voulait point toujours avoir raison, et savait respecter la faiblesse des hommes. On était étonné de voir qu'avec beaucoup d'esprit il n'insultât jamais par des railleries à ces propos si vagues, si rompus, si tumultueux, à ces médisances téméraires, à ces décisions ignorantes, à ces turlupinades grossières, à ce vain bruit de paroles, qu'on appelait *conversation* dans Babylone. Il avait appris, dans le premier livre de Zoroastre, que l'amour-propre est un ballon gonflé de vent, dont il sort des tempêtes quand on lui a fait une piqûre. Zadig surtout ne se vantait pas de mépriser les femmes et de les subjuguer. Il était généreux ; il ne craignait point d'obliger des ingrats, suivant ce grand précepte de Zoroastre : *Quand tu manges, donne à manger aux chiens, dussent-ils te mordre.* Il était aussi sage qu'on peut l'être, car il cherchait à vivre avec des sages. Instruit dans les sciences des anciens Chaldéens, il n'ignorait pas les principes physiques de la nature tels qu'on les connaissait alors, et savait de la métaphysique ce qu'on en a su dans tous les âges, c'est-à-dire fort peu de chose. Il était fermement persuadé que l'année était de trois cent soixante et cinq jours et un quart, malgré la nouvelle philosophie de son temps, et que le soleil était au centre du monde ; et quand les principaux mages lui disaient, avec une hauteur insultante, qu'il avait de mauvais sentiments, et que c'était être ennemi de l'État que de croire que le soleil tournait sur lui-même et que l'année avait douze mois, il se taisait sans colère et sans dédain.

Zadig, avec de grandes richesses, et par conséquent avec des amis, ayant de la santé, une figure aimable, un esprit juste et modéré, un cœur sincère et noble, crut qu'il pouvait être heureux. Il devait se marier à Sémire, que sa beauté, sa naissance et sa fortune rendaient le premier parti de Babylone. Il avait pour elle un attachement solide et vertueux, et Sémire l'aimait avec passion. Ils touchaient au moment fortuné qui allait les unir, lorsque, se promenant ensemble vers une porte de Babylone, sous les palmiers qui ornaient le rivage de l'Euphrate, ils virent venir à eux des hommes armés de sabres et de flèches. C'étaient les satellites du jeune Orcan, neveu d'un ministre, à qui les courtisans de son oncle avaient fait accroire que tout lui était permis. Il n'avait aucune des grâces ni des vertus de Zadig ; mais, croyant valoir beaucoup mieux, il était désespéré de n'être pas préféré. Cette jalousie, qui ne venait que de sa vanité, lui fit penser qu'il aimait éperdument Sémire. Il voulait l'enlever. Les ravisseurs la saisirent, et dans les emportements de leur violence ils la blessèrent, et firent couler le sang d'une personne dont la vue aurait attendri les tigres du mont Imaüs. Elle perçait le ciel de ses plaintes. Elle s'écriait : « Mon cher époux ! on m'arrache à ce que j'adore ! » Elle n'était point occupée de son danger ; elle ne pensait qu'à son cher Zadig. Celui-ci, dans le même temps, la défendait avec toute la force que donnent la valeur et l'amour. Aidé seulement de deux esclaves, il mit les ravisseurs en fuite et ramena chez elle Sémire, évanouie et sanglante, qui en ouvrant les yeux vit son libérateur. Elle lui dit : « O Zadig ! je vous aimais comme mon époux ; je vous aime comme celui à qui je dois l'honneur et la vie. » Jamais il n'y eut un cœur plus pénétré que celui de Sémire. Jamais bouche plus ravissante n'exprima de sentiments plus touchants par ces paroles de feu qu'inspirent le sentiment du plus grand des bienfaits et le transport le plus tendre de l'amour le plus légitime. Sa blessure était légère ; elle guérit bientôt. Zadig était blessé plus dangereusement ; un coup de flèche reçu près de l'œil lui avait fait une plaie profonde. Sémire ne demandait aux dieux que la guérison de son amant. Ses yeux étaient nuit et jour baignés de larmes : elle attendait le moment où ceux de Zadig pourraient jouir de ses regards ; mais un abcès survenu à l'œil blessé fit tout craindre. On envoya jusqu'à Memphis chercher le grand médecin Hermès, qui vint avec un nombreux cortège. Il visita le malade et déclara qu'il perdrait l'œil ; il prédit même le jour et l'heure où ce funeste accident devait arriver. « Si c'eût été l'œil droit, dit-il, je l'aurais guéri ; mais les plaies de l'œil gauche sont incurables. » Tout Babylone, en plaignant la destinée de Zadig, admira la profondeur de la science d'Hermès. Deux jours après, l'abcès perça de lui-même ; Zadig fut guéri parfaitement. Hermès écrivit un livre où il lui prouva qu'il n'avait pas dû guérir. Zadig ne le lut point ; mais, dès qu'il put sortir, il se prépara à rendre visite à celle qui faisait l'espérance du bonheur de sa vie et pour qui seule il voulait avoir des yeux. Sémire était à la campagne depuis trois jours. Il apprit en chemin que cette belle dame, ayant déclaré hautement qu'elle avait une aversion insurmontable pour les borgnes, venait de se marier à Orcan la nuit même. A cette nouvelle, il tomba sans connaissance ; sa douleur le mit au bord du tombeau ; il fut long-temps malade ; mais enfin la raison l'emporta sur son affliction, et l'atrocité de ce qu'il éprouvait servit même à le consoler.

« Puisque j'ai essuyé, dit-il, un si cruel caprice d'une fille élevée à la cour, il faut que j'épouse une citoyenne. » Il choisit Azora, la plus sage et la mieux née de la ville ; il l'épousa et vécut un mois avec elle dans les douceurs de l'union la plus tendre. Seulement il remarquait en elle un peu de légèreté et beaucoup de penchant à trouver toujours que les jeunes gens les mieux faits étaient ceux qui avaient le plus d'esprit et de vertu.

CHAPITRE II

LE NEZ

Un jour Azora revint d'une promenade tout en colère et faisant de grandes exclamations. « Qu'avez-vous, lui dit-il, ma chère épouse ? Qui vous peut mettre ainsi hors de vous-même ? — Hélas ! dit-elle, vous seriez comme moi si vous aviez vu le spectacle dont je viens d'être témoin. J'ai été consoler la jeune veuve Cosrou, qui vient d'élever, depuis deux jours, un tombeau à son jeune époux auprès du ruisseau qui borde cette prairie. Elle a promis aux dieux, dans sa douleur, de demeurer auprès de ce ruisseau tant que l'eau de ce ruisseau coulerait auprès. — Eh bien ! dit Zadig, voilà une femme estimable qui aimait véritablement son mari ! — Ah ! reprit Azora, si vous saviez à quoi elle s'occupait quand je lui ai rendu visite ! — A quoi donc, belle Azora ? — Elle faisait détourner le ruisseau. » Azora se répandit en des invectives si longues, éclata en reproches si violents contre la jeune veuve, que ce faste de vertu ne plut pas à Zadig.

Il avait un ami, nommé Cador, qui était un de ces jeunes gens à qui sa femme trouvait plus de probité et de mérite qu'aux autres : il le mit dans sa confidence et s'assura, autant qu'il le pouvait, de sa fidélité par un présent considérable. Azora, ayant passé deux jours chez une de ses amies à la campagne, revint le troisième jour à la maison. Des domestiques en pleurs lui annoncèrent que son mari était mort subitement la nuit même, qu'on n'avait pas osé lui porter cette funeste nouvelle, et qu'on venait d'ensevelir Zadig dans le tombeau de ses pères, au bout du jardin. Elle pleura, s'arracha les cheveux, et jura de mourir. Le soir, Cador lui demanda la permission de lui parler, et ils pleurèrent tous deux. Le lendemain, ils pleurèrent moins et dînèrent ensemble. Cador lui confia que son ami lui avait laissé la plus grande partie de son bien, et lui fit entendre qu'il mettrait son bonheur à partager sa fortune avec elle. La dame pleura, se fâcha, s'adoucit; le souper fut plus long que le dîner; on se parla avec plus de confiance. Azora fit l'éloge du défunt; mais elle avoua qu'il avait des défauts dont Cador était exempt.

Au milieu du souper, Cador se plaignit d'un mal de rate violent; la dame, inquiète et empressée, fit apporter toutes les essences dont elle se parfumait, pour essayer s'il n'y en avait pas quelqu'une qui fût bonne pour le mal de rate; elle regretta beaucoup que le grand Hermès ne fût pas encore à Babylone; elle daigna même toucher le côté où Cador sentait de si vives douleurs. « Êtes-vous sujet à cette cruelle maladie? lui dit-elle avec compassion. — Elle me met quelquefois au bord du tombeau, lui répondit Cador, et il n'y a qu'un seul remède qui puisse me soulager : c'est de m'appliquer sur le côté le nez d'un homme qui soit mort la veille. — Voilà un étrange remède, dit Azora.

— Pas plus étrange, répondit-il, que les sachets
du sieur Arnoult [1] contre l'apoplexie. » Cette raison, jointe à l'extrême mérite du jeune homme,
détermina enfin la dame. « Après tout, dit-elle,
quand mon mari passera du monde d'hier dans le
monde du lendemain sur le pont Tchinavar, l'ange
Asraël lui accordera-t-il moins le passage, parce
que son nez sera un peu moins long dans la seconde
vie que dans la première ? » Elle prit donc un
rasoir ; elle alla au tombeau de son époux, l'arrosa
de ses larmes, et s'approcha pour couper le nez à
Zadig, qu'elle trouva tout étendu dans la tombe.
Zadig se relève en tenant son nez d'une main et
arrêtant le rasoir de l'autre. « Madame, lui dit-il,
ne criez plus tant contre la jeune Cosrou ; le projet de me couper le nez vaut bien celui de détourner un ruisseau. »

1. Il y avait dans ce temps un Babylonien, nommé Arnoult, qui
guérissait et prévenait toutes les apoplexies, dans les gazettes,
avec un sachet pendu au cou. (*Cette note est de 1748.*)

CHAPITRE III

LE CHIEN ET LE CHEVAL

ZADIG éprouva que le premier mois du mariage, comme il est écrit dans le livre du *Zend*, est la lune du miel, et que le second est la lune de l'absinthe. Il fut quelque temps après obligé de répudier Azora qui était devenue trop difficile à vivre, et il chercha son bonheur dans l'étude de la nature. « Rien n'est plus heureux, disait-il, qu'un philosophe qui lit dans ce grand livre que Dieu a mis sous nos yeux. Les vérités qu'il découvre sont à lui ; il nourrit et il élève son âme ; il vit tranquille ; il ne craint rien des hommes, et sa tendre épouse ne vient point lui couper le nez. »

Plein de ces idées, il se retira dans une maison de campagne sur les bords de l'Euphrate. Là il ne s'occupait pas à calculer combien de pouces d'eau coulaient en une seconde sous les arches d'un pont, ou s'il tombait une ligne cube de pluie dans le mois de la Souris plus que dans le mois du Mouton. Il n'imaginait point de faire de la soie avec des toiles d'araignée, ni de la porcelaine avec des bouteilles cassées ; mais il étudia surtout les propriétés des animaux et des plantes, et il acquit bientôt une sagacité qui lui découvrait mille différences où les autres hommes ne voient rien que d'uniforme.

Un jour, se promenant auprès d'un petit bois,

il vit accourir à lui un eunuque de la reine, suivi de plusieurs officiers qui paraissaient dans la plus grande inquiétude, et qui couraient çà et là comme des hommes égarés qui cherchent ce qu'ils ont perdu de plus précieux. « Jeune homme, lui dit le premier eunuque, n'avez-vous point vu le chien de la reine ? » Zadig répondit modestement : « C'est une chienne, et non pas un chien. — Vous avez raison, reprit le premier eunuque. — C'est une épagneule très petite, ajouta Zadig. Elle a fait depuis peu des chiens ; elle boite du pied gauche de devant, et elle a les oreilles très longues. — Vous l'avez donc vue ? dit le premier eunuque tout essoufflé. — Non, répondit Zadig, je ne l'ai jamais vue, et je n'ai jamais su si la reine avait une chienne. »

Précisément dans le même temps, par une bizarrerie ordinaire de la fortune, le plus beau cheval de l'écurie du roi s'était échappé des mains d'un palefrenier dans les plaines de Babylone. Le grand veneur et tous les autres officiers couraient après lui avec autant d'inquiétude que le premier eunuque après la chienne. Le grand veneur s'adressa à Zadig et lui demanda s'il n'avait point vu passer le cheval du roi. « C'est, répondit Zadig, le cheval qui galope le mieux ; il a cinq pieds de haut, le sabot fort petit ; il porte une queue de trois pieds et demi de long ; les bossettes de son mors sont d'or à vingt-trois carats ; ses fers sont d'argent à onze deniers. — Quel chemin a-t-il pris ? où est-il ? demanda le grand veneur. — Je ne l'ai point vu, répondit Zadig, et je n'en ai jamais entendu parler. »

Le grand veneur et le premier eunuque ne doutèrent pas que Zadig n'eût volé le cheval du roi et la chienne de la reine ; ils le firent conduire devant l'assemblée du grand Desterham, qui le condamna au knout et à passer le reste de ses jours en Sibérie. A peine le jugement fut-il rendu qu'on retrouva le cheval et la chienne. Les juges furent dans la douloureuse nécessité de réformer leur arrêt ; mais ils condamnèrent Zadig à payer quatre cents onces d'or pour avoir dit qu'il n'avait point vu ce qu'il avait vu. Il fallut d'abord payer cette amende ; après quoi il fut permis à Zadig de plaider sa cause au conseil du grand Desterham ; il parla en ces termes :

« Étoiles de justice, abîmes de science, miroirs de vérité, qui avez la pesanteur du plomb, la dureté du fer, l'éclat du diamant et beaucoup d'affinité avec l'or, puisqu'il m'est permis de parler devant cette auguste assemblée, je vous jure par Orosmade que je n'ai jamais vu la chienne respectable de la reine, ni le cheval sacré du roi des rois. Voici ce qui m'est arrivé. Je me promenais vers le petit bois, où j'ai rencontré depuis le vénérable eunuque et le très illustre grand veneur. J'ai vu sur le sable les traces d'un animal, et j'ai jugé aisément que c'étaient celles d'un petit chien. Des sillons légers et longs, imprimés sur de petites éminences de sable, entre les traces des pattes, m'ont fait connaître que c'était une chienne dont

les mamelles étaient pendantes, et qu'ainsi elle
avait fait des petits il y a peu de jours. D'autres
traces en un sens différent, qui paraissaient toujours avoir rasé la surface du sable à côté des pattes
de devant, m'ont appris qu'elle avait les oreilles
très longues ; et, comme j'ai remarqué que le sable
était toujours moins creusé par une patte que par
les trois autres, j'ai compris que la chienne de notre
auguste reine était un peu boiteuse, si je l'ose dire.

« A l'égard du cheval du roi des rois, vous sau-
rez que, me promenant dans les routes de ce bois,
j'ai aperçu les marques des fers d'un cheval ; elles
étaient toutes à égales distances. « Voilà, ai-je dit,
« un cheval qui a un galop parfait. » La poussière
des arbres, dans une route étroite qui n'a que sept
pieds de large, était un peu enlevée à droite et à
gauche, à trois pieds et demi du milieu de la route.
« Ce cheval, ai-je dit, a une queue de trois pieds
« et demi, qui, par ses mouvements de droite et de
« gauche, a balayé cette poussière. » J'ai vu sous
les arbres, qui formaient un berceau de cinq pieds
de haut, les feuilles des branches nouvellement tom-
bées, et j'ai connu que ce cheval y avait touché, et
qu'ainsi il avait cinq pieds de haut. Quant à son
mors, il doit être d'or à vingt-trois carats : car il
en a frotté les bossettes contre une pierre que j'ai
reconnue être une pierre de touche et dont j'ai fait
l'essai. J'ai jugé enfin, par les marques que ses fers
ont laissées sur des cailloux d'une autre espèce,
qu'il était ferré d'argent à onze deniers de fin. »

Tous les juges admirèrent le profond et subtil

discernement de Zadig ; la nouvelle en vint jusqu'au roi et à la reine. On ne parlait que de Zadig dans les antichambres, dans la chambre et dans le cabinet, et, quoique plusieurs mages opinassent qu'on devait le brûler comme sorcier, le roi ordonna qu'on lui rendît l'amende des quatre cents onces d'or à laquelle il avait été condamné. Le greffier, les huissiers, les procureurs, vinrent chez lui en grand appareil lui rapporter ses quatre cents onces ; ils en retinrent seulement trois cent quatre-vingt-dix-huit pour les frais de justice, et leurs valets demandèrent des honoraires.

Zadig vit combien il était dangereux quelquefois d'être trop savant, et se promit bien, à la première occasion, de ne point dire ce qu'il avait vu.

Cette occasion se trouva bientôt. Un prisonnier d'État s'échappa ; il passa sous les fenêtres de sa maison. On interrogea Zadig, il ne répondit rien ; mais on lui prouva qu'il avait regardé par la fenêtre. Il fut condamné pour ce crime à cinq cents onces d'or, et il remercia ses juges de leur indulgence, selon la coutume de Babylone. « Grand Dieu ! dit-il en lui-même, qu'on est à plaindre quand on se promène dans un bois où la chienne de la reine et le cheval du roi ont passé ! qu'il est dangereux de se mettre à la fenêtre ! et qu'il est difficile d'être heureux dans cette vie ! »

CHAPITRE IV

L'ENVIEUX

ZADIG voulut se consoler par la philosophie et par l'amitié des maux que lui avait faits la fortune. Il avait, dans un faubourg de Babylone, une maison ornée avec goût, où il rassemblait tous les arts et tous les plaisirs dignes d'un honnête homme. Le matin, sa bibliothèque était ouverte à tous les savants ; le soir, sa table l'était à la bonne compagnie ; mais il connut bientôt combien les savants sont dangereux. Il s'éleva une grande dispute sur une loi de Zoroastre qui défendait de manger du griffon. « Comment défendre le griffon, disaient les uns, si cet animal n'existe pas ? — Il faut bien qu'il existe, disaient les autres, puisque Zoroastre ne veut pas qu'on en mange. » Zadig voulut les accorder, en leur disant : « S'il y a des griffons, n'en mangeons point ; s'il n'y en a point, nous en mangerons encore moins, et par là nous obéirons tous à Zoroastre. »

Un savant, qui avait composé treize volumes sur les propriétés du griffon, et qui de plus était grand théurgite, se hâta d'aller accuser Zadig devant un archimage nommé Yébor, le plus sot des Chaldéens, et partant le plus fanatique. Cet homme aurait fait empaler Zadig pour la plus grande gloire du soleil, et en aurait récité le bréviaire de Zoroastre d'un ton plus satisfait. L'ami

Cador (un ami vaut mieux que cent prêtres) alla trouver le vieux Yébor, et lui dit : « Vivent le soleil et les griffons ! gardez-vous bien de punir Zadig : c'est un saint ; il a des griffons dans sa basse-cour, et il n'en mange point ; et son accusateur est un hérétique qui ose soutenir que les lapins ont le pied fendu et ne sont point immondes. — Eh bien ! dit Yébor en branlant sa tête chauve, il faut empaler Zadig pour avoir mal pensé des griffons, et l'autre pour avoir mal parlé des lapins. » Cador apaisa l'affaire par le moyen d'une fille d'honneur à laquelle il avait fait un enfant, et qui avait beaucoup de crédit dans le collège des mages. Personne ne fut empalé ; de quoi plusieurs docteurs murmurèrent, et en présagèrent la décadence de Babylone. Zadig s'écria : « A quoi tient le bonheur ! tout me persécute dans ce monde, jusqu'aux êtres qui n'existent pas. » Il maudit les savants, et ne voulut plus vivre qu'en bonne compagnie.

Il rassemblait chez lui les plus honnêtes gens de Babylone et les dames les plus aimables ; il donnait des soupers délicats, souvent précédés de concerts, et animés par des conversations charmantes dont il avait su bannir l'empressement de montrer de l'esprit, qui est la plus sûre manière de n'en point avoir et de gâter la société la plus brillante. Ni le choix de ses amis ni celui des mets n'étaient faits par la vanité : car en tout il préférait l'être au paraître ; et par là il s'attirait la considération véritable, à laquelle il ne prétendait pas.

Vis-à-vis sa maison demeurait Arimaze, personnage dont la méchante âme était peinte sur sa grossière physionomie. Il était rongé de fiel et bouffi d'orgueil, et, pour comble, c'était un bel esprit ennuyeux. N'ayant jamais pu réussir dans le monde, il se vengeait par en médire. Tout riche qu'il était, il avait de la peine à rassembler chez lui des flatteurs. Le bruit des chars qui entraient le soir chez Zadig l'importunait, le bruit de ses louanges l'irritait davantage. Il allait quelquefois chez Zadig, et se mettait à table sans être prié : il y corrompait toute la joie de la société, comme on dit que les harpies infectent les viandes qu'elles touchent. Il lui arriva un jour de vouloir donner une fête à une dame qui, au lieu de la recevoir, alla souper chez Zadig. Un autre jour, causant avec lui dans le palais, ils abordèrent un ministre qui pria Zadig à souper, et ne pria point Arimaze. Les plus implacables haines n'ont pas souvent des fondements plus importants. Cet homme, qu'on appelait l'Envieux dans Babylone, voulut perdre Zadig parce qu'on l'appelait l'Heureux. L'occasion de faire du mal se trouve cent fois par jour, et celle de faire du bien une fois dans l'année, comme dit Zoroastre.

L'Envieux alla chez Zadig, qui se promenait dans ses jardins avec deux amis et une dame à laquelle il disait souvent des choses galantes, sans autre intention que celle de les dire. La conversation roulait sur une guerre que le roi venait de terminer heureusement contre le prince d'Hyrcanie,

son vassal. Zadig, qui avait signalé son courage
dans cette courte guerre, louait beaucoup le roi,
et encore plus la dame. Il prit ses tablettes, et
écrivit quatre vers qu'il fit sur-le-champ et qu'il
donna à lire à cette belle personne. Ses amis le
prièrent de leur en faire part ; la modestie, ou plutôt un amour-propre bien entendu, l'en empêcha.
Il savait que des vers impromptus ne sont jamais
bons que pour celle en l'honneur de qui ils sont
faits : il brisa en deux la feuille des tablettes sur
laquelle il venait d'écrire, en jeta les deux moitiés
dans un buisson de roses où on les chercha inutilement. Une petite pluie fine survint ; on regagna
la maison. L'Envieux, qui resta dans le jardin,
chercha tant qu'il trouva un morceau de la feuille.
Elle avait été tellement rompue que chaque moitié
de vers qui remplissait la ligne faisait un sens, et
même un vers d'une plus petite mesure ; mais, par
un hasard encore plus étrange, ces petits vers se
trouvaient former un sens qui contenait les injures
les plus horribles contre le roi. On y lisait :

Par les plus grands forfaits
Sur le trône affermi,
Dans la publique paix
C'est le seul ennemi.

L'Envieux fut heureux pour la première fois de
sa vie. Il avait entre les mains de quoi perdre un
homme vertueux et aimable. Plein de cette cruelle
joie, il fit parvenir jusqu'au roi cette satire écrite
de la main de Zadig : on le fit mettre en prison, lui,

ses deux amis et la dame. Son procès lui fut bientôt fait, sans qu'on daignât l'entendre. Lorsqu'il vint recevoir sa sentence, l'Envieux se trouva sur son passage, et lui dit tout haut que ses vers ne valaient rien. Zadig ne se piquait pas d'être bon poète ; mais il était au désespoir d'être condamné comme criminel de lèse-majesté et de voir qu'on retînt en prison une belle dame et deux amis pour un crime qu'il n'avait pas fait. On ne lui permit pas de parler, parce que ses tablettes parlaient. Telle était la loi de Babylone. On le fit donc aller au supplice à travers une foule de curieux dont aucun n'osait le plaindre, et qui se précipitaient pour examiner son visage et pour voir s'il mourrait avec bonne grâce. Ses parents seulement étaient affligés, car ils n'héritaient pas. Les trois quarts de son bien étaient confisqués au profit du roi, et l'autre quart au profit de l'Envieux.

Dans le temps qu'il se préparait à la mort, le perroquet du roi s'envola de son balcon, et s'abattit dans le jardin de Zadig sur un buisson de roses. Une pêche y avait été portée d'un arbre voisin par le vent : elle était tombée sur un morceau de tablette à écrire auquel elle s'était collée. L'oiseau enleva la pêche et la tablette, et les porta sur les genoux du monarque. Le prince, curieux, y lut des mots qui ne formaient aucun sens, et qui paraissaient des fins de vers. Il aimait la poésie, et il y a toujours de la ressource avec les princes qui aiment les vers : l'aventure de son perroquet le fit rêver. La reine, qui se souvenait de ce qui avait été écrit sur une pièce de la tablette de Zadig, se la fit apporter. On confronta les deux morceaux, qui s'ajustaient ensemble parfaitement ; on lut alors les vers tels que Zadig les avait faits :

Par les plus grands forfaits j'ai vu troubler la terre.
Sur le trône affermi, le roi sait tout dompter.
Dans la publique paix l'amour seul fait la guerre :
C'est le seul ennemi qui soit à redouter.

Le roi ordonna aussitôt qu'on fît venir Zadig devant lui, et qu'on fît sortir de prison ses deux amis et la belle dame. Zadig se jeta le visage contre terre aux pieds du roi et de la reine : il leur demanda très humblement pardon d'avoir fait de mauvais vers ; il parla avec tant de grâce, d'esprit et de raison que le roi et la reine voulurent le revoir. Il revint, et plut encore davantage. On lui donna tous les biens de l'Envieux qui l'avait injustement accusé ; mais Zadig les rendit tous, et l'Envieux ne fut touché que du plaisir de ne pas perdre son bien. L'estime du roi s'accrut de jour en jour pour Zadig. Il le mettait de tous ses plaisirs et le consultait dans toutes ses affaires. La reine le regarda dès lors avec une complaisance qui pouvait devenir dangereuse pour elle, pour le roi son auguste époux, pour Zadig et pour le royaume. Zadig commençait à croire qu'il n'est pas difficile d'être heureux.

CHAPITRE V
LES GÉNÉREUX

LE temps arriva où l'on célébrait une grande fête qui revenait tous les cinq ans. C'était la coutume à Babylone de déclarer solennellement, au bout de cinq années, celui des citoyens qui avait fait l'action la plus généreuse. Les grands et les mages étaient les juges. Le premier satrape, chargé du soin de la ville, exposait les plus belles actions qui s'étaient passées sous son gouvernement. On allait aux voix; le roi prononçait le jugement. On venait à cette solennité des extrémités de la terre. Le vainqueur recevait des mains du monarque une coupe d'or garnie de pierreries, et le roi lui disait ces paroles : « Recevez ce prix de la générosité, et puissent les dieux me donner beaucoup de sujets qui vous ressemblent ! »

Ce jour mémorable venu, le roi parut sur son trône, environné des grands, des mages, et des députés de toutes les nations qui venaient à ces jeux, où la gloire s'acquérait non par la légèreté des chevaux, non par la force du corps, mais par la vertu. Le premier satrape rapporta à haute voix les actions qui pouvaient mériter à leurs auteurs ce prix inestimable. Il ne parla point de la grandeur d'âme avec laquelle Zadig avait rendu à l'Envieux toute sa fortune : ce n'était pas une action qui méritât de disputer le prix.

Il présenta d'abord un juge qui, ayant fait perdre un procès considérable à un citoyen par une méprise dont il n'était pas même responsable, lui avait donné tout son bien, qui était la valeur de ce que l'autre avait perdu.

Il produisit ensuite un jeune homme qui, étant éperdument épris d'une fille qu'il allait épouser, l'avait cédée à un ami près d'expirer d'amour pour elle, et qui avait encore payé la dot en cédant la fille.

Ensuite il fit paraître un soldat qui, dans la guerre d'Hyrcanie, avait donné encore un plus grand exemple de générosité. Des soldats ennemis lui enlevaient sa maîtresse, et il la défendait contre eux ; on vint lui dire que d'autres Hyrcaniens enlevaient sa mère à quelques pas de là : il quitta en pleurant sa maîtresse, et courut délivrer sa mère ; il retourna ensuite vers celle qu'il aimait, et la trouva expirante. Il voulut se tuer : sa mère lui remontra qu'elle n'avait que lui pour tout secours, et il eut le courage de souffrir la vie.

Les juges penchaient pour ce soldat. Le roi prit la parole, et dit : « Son action et celle des autres sont belles, mais elles ne m'étonnent point ; hier Zadig en a fait une qui m'a étonné. J'avais disgracié depuis quelques jours mon ministre et mon favori Coreb. Je me plaignais de lui avec violence, et tous mes courtisans m'assuraient que j'étais trop doux ; c'est à qui me dirait le plus de mal de Coreb. Je demandai à Zadig ce qu'il en pensait, et il osa en dire du bien. J'avoue que j'ai vu, dans nos histoires, des exemples qu'on a payé de son bien une erreur, qu'on a cédé sa maîtresse, qu'on a préféré une mère à l'objet de son amour ; mais je n'ai jamais vu qu'un courtisan ait parlé avantageusement d'un ministre disgracié contre qui son souverain était en colère. Je donne vingt mille pièces d'or à chacun de ceux dont on vient de réciter les actions généreuses ; mais je donne la coupe à Zadig.

— Sire, lui dit-il, c'est Votre Majesté seule qui mérite la coupe, c'est elle qui a fait l'action la plus inouïe, puisque, étant roi, vous ne vous êtes point fâché contre votre esclave, lorsqu'il contredisait votre passion. »

On admira le roi et Zadig. Le juge qui avait donné son bien, l'amant qui avait marié sa maîtresse à un ami, le soldat qui avait préféré le salut de sa mère à celui de sa maîtresse, reçurent les présents du monarque ; ils virent leurs noms écrits dans le livre des généreux : Zadig eut la coupe. Le roi acquit la réputation d'un bon prince, qu'il ne garda pas longtemps. Ce jour fut consacré par des fêtes plus longues que la loi ne le portait. La mémoire s'en conserve encore dans l'Asie. Zadig disait : « Je suis donc enfin heureux ! » Mais il se trompait.

CHAPITRE VI

LE MINISTRE

Le roi avait perdu son premier ministre. Il choisit Zadig pour remplir cette place. Toutes les belles dames de Babylone applaudirent à ce choix, car depuis la fondation de l'empire il n'y avait jamais eu de ministre si jeune. Tous les courtisans furent fâchés ; l'Envieux en eut un crachement de sang, et le nez lui enfla prodigieusement. Zadig, ayant remercié le roi et la reine, alla remercier aussi le perroquet. « Bel oiseau, lui dit-il, c'est vous qui m'avez sauvé la vie, et qui m'avez fait premier ministre : la chienne et le cheval de Leurs Majestés m'avaient fait beaucoup de mal, mais vous m'avez fait du bien. Voilà donc de quoi dépendent les destins des hommes ! Mais, ajouta-t-il, un bonheur si étrange sera peut-être bientôt évanoui. » Le perroquet répondit : « Oui. » Ce mot frappa Zadig ; cependant, comme il était bon physicien et qu'il ne croyait pas que les perroquets fussent prophètes, il se rassura bientôt, et se mit à exercer son ministère de son mieux.

Il fit sentir à tout le monde le pouvoir sacré des lois, et ne fit sentir à personne le poids de sa dignité. Il ne gêna point les voix du divan, et chaque vizir pouvait avoir un avis sans lui déplaire. Quand il jugeait une affaire, ce n'était pas lui qui jugeait, c'était la loi ; mais, quand elle était trop sévère, il la tempérait, et, quand on manquait de lois, son équité en faisait qu'on aurait prises pour celles de Zoroastre.

C'est de lui que les nations tiennent ce grand principe : qu'il vaut mieux hasarder de sauver un coupable que de condamner un innocent. Il croyait que les lois étaient faites pour secourir les citoyens autant que pour les intimider. Son principal talent était de démêler la vérité, que tous les hommes cherchent à obscurcir.

Dès les premiers jours de son administration il mit ce grand talent en usage. Un fameux négociant de Babylone était mort aux Indes ; il avait fait ses héritiers ses deux fils par portions égales, après avoir marié leur sœur, et il laissait un présent de trente mille pièces d'or à celui de ses deux fils qui serait jugé l'aimer davantage. L'aîné lui bâtit un tombeau, le second augmenta d'une partie de son héritage la dot de sa sœur ; chacun disait : « C'est l'aîné qui aime le mieux son père ; le cadet aime mieux sa sœur ; c'est à l'aîné qu'appartiennent les trente mille pièces. »

Zadig les fit venir tous deux l'un après l'autre. Il dit à l'aîné : « Votre père n'est point mort, il est guéri de sa dernière maladie, il revient à Babylone. — Dieu soit loué, répondit le jeune homme ; mais voilà un tombeau qui m'a coûté bien cher ! » Zadig dit ensuite la même chose au cadet. « Dieu soit loué, répondit-il, je vais rendre à mon père tout ce que j'ai ; mais je voudrais qu'il laissât à ma sœur ce que je lui ai donné. — Vous ne rendrez rien, dit Zadig, et vous aurez les trente mille pièces : c'est vous qui aimez le mieux votre père. »

Une fille fort riche avait fait une promesse de mariage à deux mages, et, après avoir reçu quelques mois des instructions de l'un et de l'autre, elle se trouva grosse. Ils voulaient tous deux l'épouser. « Je prendrai pour mari, dit-elle, celui des deux qui m'a mise en état de donner un citoyen à l'empire. — C'est moi qui ai fait cette bonne œuvre, dit l'un. — C'est moi qui ai eu cet avantage, dit l'autre. — Eh bien ! répondit-elle, je reconnais pour père de l'enfant celui des deux qui lui pourra donner la meilleure éducation. » Elle accoucha d'un fils. Chacun des mages veut l'élever. La cause est portée devant Zadig. Il fit venir les deux mages. « Qu'enseigneras-tu à ton pupille ? dit-il au premier. — Je lui apprendrai, dit le docteur, les huit parties d'oraison, la dialectique, l'astrologie, la démonomanie, ce que c'est que la substance et l'accident, l'abstrait et le concret; les monades et l'harmonie préétablie. — Moi, dit le second, je tâcherai de le rendre juste et digne d'avoir des amis. » Zadig prononça : « Que tu sois son père ou non, tu épouseras sa mère. »

CHAPITRE VII

LES DISPUTES ET LES AUDIENCES

C'EST ainsi qu'il montrait tous les jours la subtilité de son génie et la bonté de son âme; on l'admirait, et cependant on l'aimait. Il passait pour le plus fortuné de tous les hommes; tout l'empire était rempli de son nom; toutes les femmes le lorgnaient; tous les citoyens célébraient sa justice; les savants le regardaient comme leur oracle; les prêtres mêmes avouaient qu'il en savait plus que le vieux archimage Yébor. On était bien loin alors de lui faire des procès sur les griffons; on ne croyait que ce qui lui semblait croyable.

Il y avait une grande querelle dans Babylone, qui durait depuis quinze cents années, et qui partageait l'empire en deux sectes opiniâtres : l'une prétendait qu'il ne fallait jamais entrer dans le temple de Mithras que du pied gauche; l'autre avait cette coutume en abomination, et n'entrait jamais que du pied droit. On attendait le jour de la fête solennelle du feu sacré pour savoir quelle secte serait favorisée par Zadig. L'univers avait les yeux sur ses deux pieds, et toute la ville était en agitation et en suspens. Zadig entra dans le temple en sautant à pieds joints, et il prouva ensuite, par un discours éloquent, que le Dieu du ciel et de la terre, qui n'a acception de personne, ne fait pas plus de cas de la jambe gauche que de la jambe droite.

L'Envieux et sa femme prétendirent que dans
son discours il n'y avait pas assez de figures, qu'il
n'avait pas fait assez danser les montagnes et
les collines. « Il est sec et sans génie, disaient-ils :
on ne voit chez lui ni la mer s'enfuir, ni les
étoiles tomber, ni le soleil se fondre comme de la
cire; il n'a point le bon style oriental. » Zadig se
contentait d'avoir le style de la raison. Tout le
monde fut pour lui, non pas parce qu'il était dans
le bon chemin, non pas parce qu'il était raisonnable, non pas parce qu'il était aimable, mais parce
qu'il était premier vizir.

Il termina aussi heureusement le grand procès
entre les mages blancs et les mages noirs. Les
blancs soutenaient que c'était une impiété de se
tourner, en priant Dieu, vers l'orient d'hiver;
les noirs assuraient que Dieu avait en horreur les
prières des hommes qui se tournaient vers le cou-
chant d'été. Zadig ordonna qu'on se tournât
comme on voudrait.

Il trouva ainsi le secret d'expédier, le matin,
les affaires particulières et les générales; le reste
du jour il s'occupait des embellissements de Babylone : il faisait représenter des tragédies où l'on
pleurait, et des comédies où l'on riait; ce qui était
passé de mode depuis longtemps, et ce qu'il fit
renaître parce qu'il avait du goût. Il ne prétendait pas en savoir plus que les artistes; il les
récompensait par des bienfaits et des distinctions,
et n'était point jaloux en secret de leurs talents. Le
soir, il amusait beaucoup le roi, et surtout la

reine. Le roi disait : « Le grand ministre! » la reine disait : « L'aimable ministre! » tous deux ajoutaient : « C'eût été grand dommage qu'il eût été pendu. »

Jamais homme en place ne fut obligé de donner tant d'audiences aux dames. La plupart venaient lui parler des affaires qu'elles n'avaient point, pour en avoir une avec lui. La femme de l'Envieux s'y présenta des premières; elle lui jura par Mithras, par le *Zend-Avesta* et par le feu sacré, qu'elle avait détesté la conduite de son mari; elle lui confia ensuite que ce mari était un jaloux, un brutal; elle lui fit entendre que les dieux le punissaient en lui refusant les précieux effets de ce feu sacré par lequel seul l'homme est semblable aux immortels : elle finit par laisser tomber sa jarretière; Zadig la ramassa avec sa politesse ordinaire, mais il ne la rattacha point au genou de la dame; et cette petite faute, si c'en est une, fut la cause des plus horribles infortunes. Zadig n'y pensa pas, et la femme de l'Envieux y pensa beaucoup.

D'autres dames se présentaient tous les jours. Les annales secrètes de Babylone prétendent qu'il succomba une fois, mais qu'il fut tout étonné de jouir sans volupté et d'embrasser son amante avec distraction. Celle à qui il donna, sans presque s'en apercevoir, des marques de sa protection, était une femme de chambre de la reine Astarté. Cette tendre Babylonienne se disait à elle-même pour se consoler : « Il faut que cet homme-là ait prodigieusement d'affaires dans la tête, puisqu'il y songe encore même en faisant l'amour. » Il échappa à Zadig, dans les instants où plusieurs personnes ne disent mot, et où d'autres ne prononcent que des paroles sacrées, de s'écrier tout d'un coup : « La reine! » La Babylonienne crut qu'enfin il était revenu à lui dans un bon moment, et qu'il lui disait : « Ma reine! » Mais Zadig, toujours très distrait, prononça le nom d'Astarté. La dame, qui dans ces heureuses circonstances interprétait tout à son avantage, s'imagina que cela voulait dire : « Vous êtes plus belle que la reine Astarté! » Elle sortit du sérail de Zadig avec de très beaux présents. Elle alla conter son aventure à l'Envieuse, qui était son amie intime; celle-ci fut cruellement piquée de la préférence. « Il n'a pas daigné seulement, dit-elle, me rattacher cette jarretière que voici, et dont je ne veux plus me servir. — Oh! oh! dit la fortunée à l'Envieuse, vous portez les mêmes jarretières que la reine! Vous les prenez donc chez la même faiseuse? » L'Envieuse rêva profondément, ne répondit rien, et alla consulter son mari l'Envieux.

Cependant Zadig s'apercevait qu'il avait toujours des distractions quand il donnait des audiences et quand il jugeait; il ne savait à quoi les attribuer : c'était là sa seule peine.

Il eut un songe : il lui semblait qu'il était couché d'abord sur des herbes sèches, parmi lesquelles il y en avait quelques-unes de piquantes qui l'incommodaient, et qu'ensuite il reposait

mollement sur un lit de roses, dont il sortait un
serpent qui le blessait au cœur de sa langue acérée
et envenimée. « Hélas! disait-il, j'ai été longtemps couché sur ces herbes sèches et piquantes,
je suis maintenant sur le lit de roses; mais quel
sera le serpent? »

CHAPITRE VIII

LA JALOUSIE

LE malheur de Zadig vint de son bonheur même et surtout de son mérite. Il avait tous les jours des entretiens avec le roi et avec Astarté, son auguste épouse. Les charmes de sa conversation redoublaient encore par cette envie de plaire qui est à l'esprit ce que la parure est à la beauté; sa jeunesse et ses grâces firent insensiblement sur Astarté une impression dont elle ne s'aperçut pas d'abord. Sa passion croissait dans le sein de l'innocence. Astarté se livrait sans scrupule et sans crainte au plaisir de voir et d'entendre un homme cher à son époux et à l'État; elle ne cessait de le vanter au roi; elle en parlait à ses femmes, qui enchérissaient encore sur ses louanges; tout servait à enfoncer dans son cœur le trait qu'elle ne sentait pas. Elle faisait des présents à Zadig, dans lesquels il entrait plus de galanterie qu'elle ne pensait; elle croyait ne lui parler qu'en reine contente de ses services, et quelquefois ses expressions étaient d'une femme sensible.

Astarté était beaucoup plus belle que cette Sémire qui haïssait tant les borgnes, et que cette autre femme qui avait voulu couper le nez à son époux. La familiarité d'Astarté, ses discours tendres, dont elle commençait à rougir, ses regards, qu'elle voulait détourner, et qui se fixaient sur les siens, allumèrent dans le cœur de Zadig un feu dont il s'étonna. Il combattit; il appela à son secours la philosophie, qui l'avait toujours secouru; il n'en tira que des lumières, et n'en reçut aucun soulagement. Le devoir, la reconnaissance, la majesté souveraine violée, se présentaient à ses yeux comme des dieux vengeurs; il combattait, il triomphait; mais cette victoire, qu'il fallait remporter à tout moment, lui coûtait des gémissements et des larmes. Il n'osait plus parler à la reine avec cette douce liberté qui avait eu tant de charmes pour tous deux; ses yeux se couvraient d'un nuage; ses discours étaient contraints et sans suite; il baissait la vue; et quand, malgré lui, ses regards se tournaient vers Astarté, ils rencontraient ceux de la reine mouillés de pleurs, dont il partait des traits de flamme; ils semblaient se dire l'un à l'autre : « Nous nous adorons, et nous craignons de nous aimer; nous brûlons tous deux d'un feu que nous condamnons. »

Zadig sortait d'auprès d'elle égaré, éperdu, le cœur surchargé d'un fardeau qu'il ne pouvait plus porter : dans la violence de ses agitations, il laissa pénétrer son secret à son ami Cador, comme un homme qui, ayant soutenu longtemps les atteintes d'une vive douleur, fait enfin connaître son mal par un cri qu'un redoublement aigu lui arrache, et par la sueur froide qui coule sur son front.

Cador lui dit : « J'ai déjà démêlé les sentiments que vous vouliez vous cacher à vous-même; les

passions ont des signes auxquels on ne peut se
méprendre. Jugez, mon cher Zadig, puisque j'ai
lu dans votre cœur, si le roi n'y découvrira pas un
sentiment qui l'offense. Il n'a d'autre défaut que
celui d'être le plus jaloux des hommes. Vous
résistez à votre passion avec plus de force que la
reine ne combat la sienne, parce que vous êtes
philosophe et parce que vous êtes Zadig. Astarté
est femme ; elle laisse parler ses regards avec d'autant plus d'imprudence qu'elle ne se croit pas
encore coupable. Malheureusement, rassurée sur
son innocence, elle néglige des dehors nécessaires.
Je tremblerai pour elle tant qu'elle n'aura rien
à se reprocher. Si vous étiez d'accord l'un et
l'autre, vous sauriez tromper tous les yeux : une
passion naissante et combattue éclate ; un amour
satisfait sait se cacher. » Zadig frémit à la proposition de trahir le roi, son bienfaiteur ; et jamais
il ne fut plus fidèle à son prince que quand il
fut coupable envers lui d'un crime involontaire.
Cependant la reine prononçait si souvent le nom
de Zadig, son front se couvrait de tant de rougeur
en le prononçant, elle était tantôt si animée, tantôt
si interdite, quand elle lui parlait en présence du
roi ; une rêverie si profonde s'emparait d'elle quand
il était sorti, que le roi fut troublé. Il crut tout
ce qu'il voyait, et imagina tout ce qu'il ne voyait
point. Il remarqua surtout que les babouches de
sa femme étaient bleues, et que les babouches de
Zadig étaient bleues, que les rubans de sa femme
étaient jaunes, et que le bonnet de Zadig était

jaune : c'étaient là de terribles indices pour un prince délicat. Les soupçons se tournèrent en certitude dans son esprit aigri.

Tous les esclaves des rois et des reines sont autant d'espions de leurs cœurs. On pénétra bientôt qu'Astarté était tendre, et que Moabdar était jaloux. L'Envieux engagea l'Envieuse à envoyer au roi sa jarretière, qui ressemblait à celle de la reine. Pour surcroît de malheur, cette jarretière était bleue. Le monarque ne songea plus qu'à la manière de se venger. Il résolut une nuit d'empoisonner la reine, et de faire mourir Zadig par le cordeau au point du jour. L'ordre en fut donné à un impitoyable eunuque exécuteur de ses vengeances. Il y avait alors dans la chambre du roi un petit nain, qui était muet, mais qui n'était pas sourd. On le souffrait toujours : il était témoin de ce qui se passait de plus secret, comme un animal domestique. Ce petit muet était très attaché à la reine et à Zadig. Il entendit, avec autant de surprise que d'horreur donner l'ordre de leur mort. Mais comment faire pour prévenir cet ordre effroyable, qui allait s'exécuter dans peu d'heures? Il ne savait pas écrire; mais il avait appris à peindre, et savait surtout faire ressembler. Il passa une partie de la nuit à crayonner ce qu'il voulait faire entendre à la reine. Son dessin représentait le roi agité de fureur, dans un coin du tableau, donnant des ordres à son eunuque; un cordeau bleu et un vase sur une table, avec des jarretières bleues et des rubans jaunes; la reine, dans le milieu du tableau, expirante entre les bras de ses femmes, et Zadig étranglé à ses pieds. L'horizon représentait un soleil levant, pour marquer que cette horrible exécution devait se faire aux premiers rayons de l'aurore. Dès qu'il eut fini cet ouvrage, il courut chez une femme d'Astarté, la réveilla, et lui fit entendre qu'il fallait dans l'instant même porter ce tableau à la reine.

Cependant, au milieu de la nuit, on vient frapper à la porte de Zadig ; on le réveille ; on lui donne un billet de la reine ; il doute si c'est un songe ; il ouvre la lettre d'une main tremblante. Quelle fut sa surprise, et qui pourrait exprimer la consternation et le désespoir dont il fut accablé, quand il lut ces paroles :

Fuyez dans l'instant même, ou l'on va vous arracher la vie. Fuyez, Zadig, je vous l'ordonne au nom de notre amour et de mes rubans jaunes. Je n'étais point coupable ; mais je sens que je vais mourir criminelle.

Zadig eut à peine la force de parler. Il ordonna qu'on fît venir Cador, et, sans lui rien dire, il lui donna ce billet. Cador le força d'obéir et de prendre sur-le-champ la route de Memphis. « Si vous osez aller trouver la reine, lui dit-il, vous hâtez sa mort ; si vous parlez au roi, vous la perdez encore. Je me charge de sa destinée ; suivez la vôtre. Je répandrai le bruit que vous avez pris la route des Indes. Je viendrai bientôt vous trouver, et je vous apprendrai ce qui se sera passé à Babylone. »

Cador, dans le moment même, fit placer deux dromadaires des plus légers à la course vers une porte secrète du palais ; il fit monter Zadig, qu'il fallut porter et qui était près de rendre l'âme. Un seul domestique l'accompagna ; et bientôt Cador, plongé dans l'étonnement et dans la douleur, perdit son ami de vue.

Cet illustre fugitif, arrivé sur le bord d'une colline, dont on voyait Babylone, tourna la vue sur le palais de la reine, et s'évanouit ; il ne reprit ses sens que pour verser des larmes et pour souhaiter la mort. Enfin, après s'être occupé de la destinée déplorable de la plus aimable des femmes et de la première reine du monde, il fit un moment de retour sur lui-même et s'écria : « Qu'est-ce donc que la vie humaine ? O vertu ! à quoi m'avez-vous servi ? Deux femmes m'ont indignement trompé ; la troisième, qui n'est point coupable, et qui est plus belle que les autres, va mourir ! Tout ce que j'ai fait de bien a toujours été pour moi une source de malédictions, et je n'ai été élevé au comble de la grandeur que pour tomber dans le plus horrible précipice de l'infortune. Si j'eusse été méchant comme tant d'autres, je serais heureux comme eux. » Accablé de ces réflexions funestes, les yeux chargés du voile de la douleur, la pâleur de la mort sur le visage et l'âme abîmée dans l'excès d'un sombre désespoir, il continuait son voyage vers l'Égypte.

CHAPITRE IX

LA FEMME BATTUE

ZADIG dirigeait sa route sur les étoiles. La constellation d'Orion et le brillant astre de Sirius le guidaient vers le pôle de Canope. Il admirait ces vastes globes de lumière qui ne paraissent que de faibles étincelles à nos yeux, tandis que la terre, qui n'est en effet qu'un point imperceptible dans la nature, paraît à notre cupidité quelque chose de si grand et de si noble. Il se figurait alors les hommes tels qu'ils sont en effet, des insectes se dévorant les uns les autres sur un petit atome de boue. Cette image vraie semblait anéantir ses malheurs en lui retraçant le néant de son être et celui de Babylone. Son âme s'élançait jusque dans l'infini, et contemplait, détachée de ses sens, l'ordre immuable de l'univers. Mais lorsque ensuite, rendu à lui-même et rentrant dans son cœur, il pensait qu'Astarté était peut-être morte pour lui, l'univers disparaissait à ses yeux, et il ne voyait dans la nature entière qu'Astarté mourante et Zadig infortuné.

Comme il se livrait à ce flux et à ce reflux de philosophie sublime et de douleur accablante, il avançait vers les frontières de l'Égypte ; et déjà son domestique fidèle était dans la première bourgade, où il lui cherchait un logement. Zadig cependant se promenait vers les jardins qui bordaient ce village. Il vit, non loin du grand chemin, une femme éplorée qui appelait le Ciel et la terre à son secours, et un homme furieux qui la suivait. Elle était déjà atteinte par lui, elle embrassait ses genoux. Cet homme l'accablait de coups et de reproches. Il jugea, à la violence de l'Égyptien et aux pardons réitérés que lui demandait la dame, que l'un était un jaloux et l'autre une infidèle ; mais, quand il eut considéré cette femme, qui était d'une beauté touchante, et qui même ressemblait un peu à la malheureuse Astarté, il se sentit pénétré de compassion pour elle et d'horreur pour l'Égyptien. « Secourez-moi, s'écria-t-elle à Zadig avec des sanglots ; tirez-moi des mains du plus barbare des hommes, sauvez-moi la vie. »

A ces cris, Zadig courut se jeter entre elle et ce barbare. Il avait quelque connaissance de la langue égyptienne. Il lui dit en cette langue : « Si vous avez quelque humanité, je vous conjure de respecter la beauté et la faiblesse. Pouvez-vous outrager ainsi un chef-d'œuvre de la nature, qui est à vos pieds, et qui n'a pour sa défense que des larmes ? — Ah ! ah ! lui dit cet emporté, tu l'aimes donc aussi ? et c'est de toi qu'il faut que je me venge. » En disant ces paroles, il laisse la dame qu'il tenait d'une main par les cheveux, et, prenant sa lance, il veut en percer l'étranger. Celui-ci, qui était de sang-froid, évita aisément le coup d'un furieux. Il se saisit de la lance près du fer dont elle est armée. L'un veut la retirer, l'autre l'arracher. Elle se brise entre leurs mains. L'Égyptien tire son épée ; Zadig s'arme de la sienne. Ils s'attaquent l'un l'autre. Celui-ci porte cent coups précipités ; celui-là les pare avec adresse. La dame, assise sur un gazon, rajuste sa coiffure et les regarde. L'Égyptien était plus robuste que son adversaire, Zadig était plus adroit. Celui-ci se battait en homme dont la tête conduisait le bras, et celui-là comme un emporté dont une colère aveugle guidait les mouvements au hasard. Zadig passe à lui et le désarme, et, tandis que l'Égyptien, devenu plus furieux, veut se jeter sur lui, il le saisit, le presse, le fait tomber en lui tenant l'épée sur la poitrine ; il lui offre de lui donner la vie. L'Égyptien, hors de lui, tire son poignard ; il en blesse Zadig dans le temps même que le vainqueur lui pardonnait. Zadig, indigné, lui plonge son épée dans le sein. L'Égyptien jette un cri horrible, et meurt en se débattant.

Zadig alors s'avança vers la dame, et lui dit d'une voix soumise : « Il m'a forcé de le tuer : je vous ai vengée ; vous êtes délivrée de l'homme le plus violent que j'aie jamais vu. Que voulez-vous maintenant de moi, Madame ? — Que tu meures, scélérat, lui répondit-elle, que tu meures ! tu as tué mon amant ; je voudrais pouvoir déchirer ton cœur. — En vérité, Madame, vous aviez là un étrange homme pour amant, lui répondit Zadig ; il vous battait de toutes ses forces, et il voulait m'arracher la vie parce que vous m'avez conjuré de vous secourir. — Je voudrais qu'il me battît encore, reprit la dame en poussant des cris. Je le méritais bien, je lui avais donné de la jalousie. Plût au Ciel qu'il me battît, et que tu fusses à sa place ! » Zadig, plus surpris et plus en colère qu'il ne l'avait été de sa vie, lui dit : « Madame, toute belle que vous êtes, vous mériteriez que je vous battisse à mon tour, tant vous êtes extravagante, mais je n'en prendrai pas la peine. » Là-dessus, il remonta sur son chameau et avança vers le bourg. A peine avait-il fait quelques pas qu'il se retourne au bruit que faisaient quatre courriers de Babylone. Ils venaient à toute bride. L'un d'eux, en voyant cette femme, s'écria : « C'est elle-même ; elle ressemble au portrait qu'on nous en a fait. » Ils ne s'embarrassèrent pas du mort, et se saisirent incontinent de la dame. Elle ne cessait de crier à Zadig : « Secourez-moi encore une fois, étranger généreux ! je vous demande pardon de m'être plainte de vous : secourez-moi, et je suis à vous jusqu'au tombeau. » L'envie avait passé à Zadig de se battre désormais pour elle. « A d'autres ! répond-il ; vous ne m'y attraperez plus. »

D'ailleurs il était blessé, son sang coulait, il avait besoin de secours ; et la vue des quatre Babyloniens, probablement envoyés par le roi Moabdar, le remplissait d'inquiétude. Il s'avance en hâte vers le village, n'imaginant pas pourquoi quatre courriers de Babylone venaient prendre cette Égyptienne, mais encore plus étonné du caractère de cette dame.

CHAPITRE X

L'ESCLAVAGE

Comme il entrait dans la bourgade égyptienne,
il se vit entouré par le peuple. Chacun criait :
« Voilà celui qui a enlevé la belle Missouf, et qui
vient d'assassiner Clétofis ! — Messieurs, dit-il,
Dieu me préserve d'enlever jamais votre belle
Missouf ! elle est trop capricieuse, et, à l'égard de
Clétofis, je ne l'ai point assassiné, je me suis défendu seulement contre lui. Il voulait me tuer,
parce que je lui avais demandé très humblement
grâce pour la belle Missouf, qu'il battait impi-
toyablement. Je suis un étranger qui vient chercher
un asile dans l'Égypte ; et il n'y a pas d'apparence
qu'en venant demander votre protection j'aie commencé par enlever une femme et par assassiner
un homme. »

Les Égyptiens étaient alors justes et humains.
Le peuple conduisit Zadig à la maison de ville. On
commença par le faire panser de sa blessure, et
ensuite on l'interrogea, lui et son domestique sépa-
rément, pour savoir la vérité. On reconnut que
Zadig n'était point un assassin ; mais il était coupable du sang d'un homme ; la loi le condamnait
à être esclave. On vendit au profit de la bourgade
ses deux chameaux ; on distribua aux habitants
tout l'or qu'il avait apporté ; sa personne fut expo-
sée en vente dans la salle publique, ainsi que celle

de son compagnon de voyage. Un marchand arabe, nommé Sétoc, y mit l'enchère ; mais le valet, plus propre à la fatigue, fut vendu bien plus chèrement que le maître. On ne faisait pas de comparaison entre ces deux hommes. Zadig fut donc esclave subordonné à son valet : on les attacha ensemble avec une chaîne qu'on leur passa aux pieds, et en cet état ils suivirent le marchand arabe dans sa maison. Zadig, en chemin, consolait son domestique et l'exhortait à la patience ; mais, selon sa coutume, il faisait des réflexions sur la vie humaine. « Je vois, lui disait-il, que les malheurs de ma destinée se répandent sur la tienne. Tout m'a tourné jusqu'ici d'une façon bien étrange. J'ai été condamné à l'amende pour avoir vu passer une chienne ; j'ai pensé être empalé pour un griffon ; j'ai été envoyé au supplice parce que j'avais fait des vers à la louange du roi ; j'ai été sur le point d'être étranglé parce que la reine avait des rubans jaunes, et me voici esclave avec toi parce qu'un brutal a battu sa maîtresse. Allons, ne perdons point courage ; tout ceci finira peut-être ; il faut bien que les marchands arabes aient des esclaves ; et pourquoi ne le serais-je pas comme un autre, puisque je suis homme comme un autre ? Ce marchand ne sera pas impitoyable ; il faut qu'il traite bien ses esclaves, s'il en veut tirer des services. » Il parlait ainsi, et, dans le fond de son cœur, il était occupé du sort de la reine de Babylone.

Sétoc, le marchand, partit deux jours après pour l'Arabie déserte, avec ses esclaves et ses

chameaux. Sa tribu habitait vers le désert d'Horeb.
Le chemin fut long et pénible. Sétoc, dans la route,
faisait bien plus de cas du valet que du maître,
parce que le premier chargeait bien mieux les chameaux; et toutes les petites distinctions furent
pour lui.

Un chameau mourut à deux journées d'Horeb;
on répartit sa charge sur le dos de chacun des
serviteurs; Zadig en eut sa part. Sétoc se mit à
rire en voyant tous ses esclaves marcher courbés.
Zadig prit la liberté de lui en expliquer la raison,
et lui apprit les lois de l'équilibre. Le marchand,
étonné, commença à le regarder d'un autre œil.
Zadig, voyant qu'il avait excité sa curiosité, la
redoubla en lui apprenant beaucoup de choses qui
n'étaient point étrangères à son commerce : les
pesanteurs spécifiques des métaux et des denrées sous un volume égal; les propriétés de plusieurs animaux utiles; le moyen de rendre tels
ceux qui ne l'étaient pas; enfin il lui parut un sage.
Sétoc lui donna la préférence sur son camarade,
qu'il avait tant estimé. Il le traita bien, et n'eut
pas sujet de s'en repentir.

Arrivé dans sa tribu, Sétoc commença par redemander cinq cents onces d'argent à un Hébreu
auquel il les avait prêtées en présence de deux
témoins; mais ces deux témoins étaient morts, et
l'Hébreu, ne pouvant être convaincu, s'appropriait
l'argent du marchand, en remerciant Dieu de ce
qu'il lui avait donné le moyen de tromper un Arabe.
Sétoc confia sa peine à Zadig, qui était devenu

son conseil. « En quel endroit, demanda Zadig, prêtâtes-vous vos cinq cents onces à cet infidèle ? — Sur une large pierre, répondit le marchand, qui est auprès du mont Horeb. — Quel est le caractère de votre débiteur ? dit Zadig. — Celui d'un fripon, reprit Sétoc. — Mais je vous demande si c'est un homme vif ou flegmatique, avisé ou imprudent. — C'est de tous les mauvais payeurs, dit Sétoc, le plus vif que je connaisse. — Eh bien ! insista Zadig, permettez que je plaide votre cause devant le juge. » En effet, il cita l'Hébreu au tribunal, et il parla ainsi au juge : « Oreiller du trône d'équité, je viens redemander à cet homme, au nom de mon maître, cinq cents onces d'argent qu'il ne veut pas rendre. — Avez-vous des témoins ? dit le juge. — Non, ils sont morts ; mais il reste une large pierre sur laquelle l'argent fut compté ; et, s'il plaît à Votre Grandeur d'ordonner qu'on aille chercher la pierre, j'espère qu'elle portera témoignage ; nous resterons ici, l'Hébreu et moi, en attendant que la pierre vienne ; je l'enverrai chercher aux dépens de Sétoc, mon maître. — Très volontiers », répondit le juge. Et il se mit à expédier d'autres affaires.

A la fin de l'audience : « Eh bien ! dit-il à Zadig, votre pierre n'est pas encore venue ? » L'Hébreu, en riant, répondit : « Votre Grandeur resterait ici jusqu'à demain que la pierre ne serait pas encore arrivée ; elle est à plus de six milles d'ici, et il faudrait quinze hommes pour la remuer. — Eh bien ! s'écria Zadig, je vous avais bien dit que la pierre porterait témoignage ; puisque cet homme sait où elle est, il avoue donc que c'était sur elle que l'argent fut compté. » L'Hébreu, déconcerté, fut bientôt contraint de tout avouer. Le juge ordonna qu'il serait lié à la pierre, sans boire ni manger, jusqu'à ce qu'il eût rendu les cinq cents onces, qui furent bientôt payées.

L'esclave Zadig et la pierre furent en grande recommandation dans l'Arabie.

CHAPITRE XI

LE BUCHER

Sétoc, enchanté, fit de son esclave son ami intime. Il ne pouvait pas plus se passer de lui qu'avait fait le roi de Babylone ; et Zadig fut heureux que Sétoc n'eût point de femme. Il découvrait dans son maître un naturel porté au bien, beaucoup de droiture et de bon sens. Il fut fâché de voir qu'il adorait l'armée céleste, c'est-à-dire le soleil, la lune et les étoiles, selon l'ancien usage d'Arabie. Il lui en parlait quelquefois avec beaucoup de discrétion. Enfin, il lui dit que c'étaient des corps comme les autres, qui ne méritaient pas plus son hommage qu'un arbre ou un rocher. « Mais, disait Sétoc, ce sont des êtres éternels dont nous tirons tous nos avantages ; ils animent la nature ; ils règlent les saisons ; ils sont d'ailleurs si loin de nous qu'on ne peut pas s'empêcher de les révérer. — Vous recevez plus d'avantages, répondit Zadig, des eaux de la mer Rouge, qui portent vos marchandises aux Indes. Pourquoi ne serait-elle pas aussi ancienne que les étoiles ? Et, si vous adorez ce qui est éloigné de vous, vous devez adorer la terre des Gangarides, qui est aux extrémités du monde. — Non, disait Sétoc, les étoiles sont trop brillantes pour que je ne les adore pas. » Le soir venu, Zadig alluma un grand nombre de flambeaux dans la tente où il devait souper avec Sétoc ;

et, dès que son patron parut, il se jeta à genoux
devant ces cires allumées, et leur dit : « Éternelles
et brillantes clartés, soyez-moi toujours propices. »
Ayant proféré ces paroles, il se mit à table sans
regarder Sétoc. « Que faites-vous donc ? lui dit
Sétoc étonné. — Je fais comme vous, répondit
Zadig ; j'adore ces chandelles, et je néglige leur
maître et le mien. » Sétoc comprit le sens profond
de cet apologue. La sagesse de son esclave entra
dans son âme ; il ne prodigua plus son encens aux
créatures, et adora l'Être éternel qui les a faites.

Il y avait alors dans l'Arabie une coutume
affreuse, venue originairement de Scythie, et qui,
s'étant établie dans les Indes par le crédit des
brahmanes, menaçait d'envahir tout l'Orient. Lorsqu'un homme marié était mort et que sa femme
bien-aimée voulait être sainte, elle se brûlait en
public sur le corps de son mari. C'était une fête
solennelle qui s'appelait *le bûcher du veuvage*. La
tribu dans laquelle il y avait eu le plus de femmes
brûlées était la plus considérée. Un Arabe de la
tribu de Sétoc étant mort, sa veuve, nommée Almona, qui était fort dévote, fit savoir le jour et
l'heure où elle se jetterait dans le feu au son des
tambours et des trompettes. Zadig remontra à
Sétoc combien cette horrible coutume était contraire au bien du genre humain ; qu'on laissait
brûler tous les jours de jeunes veuves qui pouvaient
donner des enfants à l'État, ou du moins élever les
leurs ; et il le fit convenir qu'il fallait, si on pouvait,
abolir un usage si barbare. Sétoc répondit : « Il y

a plus de mille ans que les femmes sont en posses-
sion de se brûler. Qui de nous osera changer une
loi que le temps a consacrée ? Y a-t-il rien de plus
respectable qu'un ancien abus ? — La raison est
plus ancienne, reprit Zadig. Parlez aux chefs des
tribus, et je vais trouver la jeune veuve. »

Il se fit présenter à elle ; et, après s'être insinué
dans son esprit par des louanges sur sa beauté,
après lui avoir dit combien c'était dommage de
mettre au feu tant de charmes, il la loua encore
sur sa constance et sur son courage. « Vous aimiez
donc prodigieusement votre mari ? lui dit-il. —
Moi ? point du tout, répondit la dame arabe. C'était
un brutal, un jaloux, un homme insupportable ;
mais je suis fermement résolue de me jeter sur son
bûcher. — Il faut, dit Zadig, qu'il y ait apparemment un plaisir bien délicieux à être brûlée vive.
— Ah ! cela fait frémir la nature, dit la dame ;
mais il faut en passer par là. Je suis dévote ; je
serais perdue de réputation, et tout le monde se
moquerait de moi, si je ne me brûlais pas. » Zadig,
l'ayant fait convenir qu'elle se brûlait pour les
autres et par vanité, lui parla longtemps d'une
manière à lui faire aimer un peu la vie, et parvint
même à lui inspirer quelque bienveillance pour
celui qui lui parlait. « Que feriez-vous enfin, lui
dit-il, si la vanité de vous brûler ne vous tenait
pas ? — Hélas ! dit la dame, je crois que je vous
prierais de m'épouser. »

Zadig était trop rempli de l'idée d'Astarté pour
ne pas éluder cette déclaration ; mais il alla dans

l'instant trouver les chefs des tribus, leur dit ce qui s'était passé, et leur conseilla de faire une loi par laquelle il ne serait permis à une veuve de se brûler qu'après avoir entretenu un jeune homme tête à tête pendant une heure entière. Depuis ce temps, aucune dame ne se brûla en Arabie. On eut au seul Zadig l'obligation d'avoir détruit en un jour une coutume si cruelle, qui durait depuis tant de siècles. Il était donc le bienfaiteur de l'Arabie.

CHAPITRE XII

LE SOUPER

SÉTOC, qui ne pouvait se séparer de cet homme en qui habitait la sagesse, le mena à la grande foire de Bassora, où devaient se rendre les plus grands négociants de la terre habitable. Ce fut pour Zadig une consolation sensible de voir tant d'hommes de diverses contrées réunis dans la même place. Il lui paraissait que l'univers était une grande famille qui se rassemblait à Bassora. Il se trouva à table, dès le second jour, avec un Égyptien, un Indien Gangaride, un habitant du Cathay, un Grec, un Celte, et plusieurs autres étrangers qui, dans leurs fréquents voyages vers le golfe Arabique, avaient appris assez d'arabe pour se faire entendre. L'Égyptien paraissait fort en colère. « Quel abominable pays que Bassora ! disait-il ; on m'y refuse mille onces d'or sur le meilleur effet du monde. — Comment donc ! dit Sétoc ; sur quel effet vous a-t-on refusé cette somme ? — Sur le corps de ma tante, répondit l'Égyptien ; c'était la plus brave femme d'Égypte. Elle m'accompagnait toujours ; elle est morte en chemin : j'en ai fait une des plus belles momies que nous ayons ; et je trouverais dans mon pays tout ce que je voudrais en la mettant en gage. Il est bien étrange qu'on ne veuille pas seulement me donner ici mille onces d'or sur un effet si solide. » Tout en se courrouçant, il était prêt de manger d'une excellente poule bouillie, quand l'Indien, le prenant par la main, s'écria avec douleur : « Ah ! qu'allez-vous faire ? — Manger de cette poule, dit l'homme à la momie. — Gardez-vous-en bien, dit le Gangaride. Il se pourrait faire que l'âme de la défunte fût passée dans le corps de cette poule, et vous ne voudriez pas vous exposer à manger votre tante. Faire cuire des poules, c'est outrager manifestement la nature. — Que voulez-vous dire avec votre nature et vos poules ? reprit le colérique Égyptien ; nous adorons un bœuf, et nous en mangeons bien. — Vous adorez un bœuf ! est-il possible ? dit l'homme du Gange. — Il n'y a rien de si possible, repartit l'autre ; il y a cent trente-cinq mille ans que nous en usons ainsi, et personne parmi nous n'y trouve à redire. — Ah ! cent trente-cinq mille ans ! dit l'Indien, ce compte est un peu exagéré ; il n'y en a que quatre-vingt mille que l'Inde est peuplée, et assurément nous sommes vos anciens ; et Brahma nous avait défendu de manger des bœufs avant que vous vous fussiez avisés de les mettre sur les autels et à la broche. — Voilà un plaisant animal que votre Brahma pour le comparer à Apis ! dit l'Égyptien ; qu'a donc fait votre Brahma de si beau ? » Le bramin répondit : « C'est lui qui a appris aux hommes à lire et à écrire, et à qui toute la terre doit le jeu des échecs. — Vous vous trompez, dit un Chaldéen qui était auprès de lui ; c'est le poisson Oannès à qui on doit de si grands bienfaits, et il est juste de ne rendre qu'à lui ses hommages. Tout le monde vous dira que c'était un être divin, qu'il avait la queue dorée, avec une belle tête d'homme, et qu'il sortait de l'eau pour venir prêcher à terre trois heures par jour. Il eut plusieurs enfants, qui furent rois, comme chacun sait. J'ai son portrait chez moi, que je révère comme je le dois. On peut manger du bœuf tant qu'on veut ; mais c'est assurément une très grande impiété de faire cuire du poisson ; d'ailleurs vous êtes tous deux d'une origine trop peu noble et trop récente pour me rien disputer. La nation égyptienne ne compte que cent trente-cinq mille ans, et les Indiens ne se vantent que de quatre-vingt mille, tandis que nous avons des almanachs de quatre mille siècles. Croyez-moi, renoncez à vos folies, et je vous donnerai à chacun un beau portrait d'Oannès. »

L'homme de Cambalu, prenant la parole, dit : « Je respecte fort les Égyptiens, les Chaldéens, les Grecs, les Celtes, Brahma, le bœuf Apis, le beau poisson Oannès ; mais peut-être que le Li [1] ou le Tien, comme on voudra l'appeler, vaut bien les bœufs et les poissons. Je ne dirai rien de mon pays ; il est aussi grand que la terre d'Égypte, la Chaldée et les Indes ensemble. Je ne dispute pas d'antiquité, parce qu'il suffit d'être heureux, et que c'est fort peu de chose d'être ancien ; mais, s'il fallait parler d'almanachs, je dirais que toute

---

1. Mots chinois qui signifient proprement : *Li*, la lumière naturelle, la raison, et *Tien*, le Ciel, et qui signifient aussi Dieu.

l'Asie prend les nôtres, et que nous en avions de fort bons avant qu'on sût l'arithmétique en Chaldée.

— Vous êtes de grands ignorants tous tant que vous êtes ! s'écria le Grec : est-ce que vous ne savez pas que le Chaos est le père de tout, et que la forme et la matière ont mis le monde dans l'état où il est ? » Ce Grec parla longtemps ; mais il fut enfin interrompu par le Celte, qui, ayant beaucoup bu pendant qu'on disputait, se crut alors plus savant que tous les autres, et dit en jurant qu'il n'y avait que Teutath et le gui de chêne qui valussent la peine qu'on en parlât ; que, pour lui, il avait toujours du gui dans sa poche ; que les Scythes, ses ancêtres, étaient les seuls gens de bien qui eussent jamais été au monde ; qu'ils avaient, à la vérité, quelquefois mangé des hommes, mais que cela n'empêchait pas qu'on ne dût avoir beaucoup de respect pour sa nation ; et qu'enfin, si quelqu'un parlait mal de Teutath, il lui apprendrait à vivre. La querelle s'échauffa pour lors, et Sétoc vit le moment où la table allait être ensanglantée. Zadig, qui avait gardé le silence pendant toute la dispute, se leva enfin : il s'adressa d'abord au Celte, comme au plus furieux ; il lui dit qu'il avait raison, et lui demanda du gui ; il loua le Grec sur son éloquence, et adoucit tous les esprits échauffés. Il ne dit que très peu de chose à l'homme du Cathay, parce qu'il avait été le plus raisonnable de tous. Ensuite il leur dit : « Mes amis, vous alliez vous quereller pour rien, car vous êtes tous du même avis. » A ce mot, ils se récrièrent tous.

« N'est-il pas vrai, dit-il au Celte, que vous n'adorez pas ce gui, mais celui qui a fait le gui et le chêne ? — Assurément, répondit le Celte. — Et vous, Monsieur l'Égyptien, vous révérez apparemment dans un certain bœuf celui qui vous a donné les bœufs ? — Oui, dit l'Égyptien. — Le poisson Oannès, continua-t-il, doit céder à celui qui a fait la mer et les poissons. — D'accord, dit le Chaldéen. — L'Indien, ajouta-t-il, et le Cathayen reconnaissent comme vous un premier principe ; je n'ai pas trop bien compris les choses admirables que le Grec a dites, mais je suis sûr qu'il admet aussi un Être supérieur, de qui la forme et la matière dépendent. » Le Grec, qu'on admirait, dit que Zadig avait très bien pris sa pensée. « Vous êtes donc tous de même avis, répliqua Zadig, et il n'y a pas là de quoi se quereller. » Tout le monde l'embrassa. Sétoc, après avoir vendu fort cher ses denrées, reconduisit son ami Zadig dans sa tribu. Zadig apprit en arrivant qu'on lui avait fait son procès en son absence et qu'il allait être brûlé à petit feu.

CHAPITRE XIII

LES RENDEZ-VOUS

Pendant son voyage à Bassora les prêtres des étoiles avaient résolu de le punir. Les pierreries et les ornements des jeunes veuves qu'ils envoyaient au bûcher leur appartenaient de droit ; c'était bien le moins qu'ils fissent brûler Zadig pour le mauvais tour qu'il leur avait joué. Ils accusèrent donc Zadig d'avoir des sentiments erronés sur l'armée céleste ; ils déposèrent contre lui, et jurèrent qu'ils lui avaient entendu dire que les étoiles ne se couchaient pas dans la mer. Ce blasphème effroyable fit frémir les juges ; ils furent prêts de déchirer leurs vêtements quand ils ouïrent ces paroles impies, et ils l'auraient fait, sans doute, si Zadig avait eu de quoi les payer ; mais, dans l'excès de leur douleur, ils se contentèrent de le condamner à être brûlé à petit feu. Sétoc, désespéré, employa en vain son crédit pour sauver son ami ; il fut bientôt obligé de se taire. La jeune veuve Almona, qui avait pris beaucoup de goût à la vie et qui en avait obligation à Zadig, résolut de le tirer du bûcher, dont il lui avait fait connaître l'abus. Elle roula son dessein dans sa tête sans en parler à personne. Zadig devait être exécuté le lendemain ; elle n'avait que la nuit pour le sauver : voici comme elle s'y prit en femme charitable et prudente.

Elle se parfuma, elle releva sa beauté par l'ajustement le plus riche et le plus galant et alla demander une audience secrète au chef des prêtres des étoiles. Quand elle fut devant ce vieillard vénérable, elle lui parla en ces termes : « Fils aîné de la grande Ourse, frère du Taureau, cousin du grand Chien (c'étaient les titres de ce pontife), je viens vous confier mes scrupules. J'ai bien peur d'avoir commis un péché énorme en ne me brûlant pas dans le bûcher de mon cher mari. En effet, qu'avais-je à conserver? une chair périssable, et qui est déjà toute flétrie. » En disant ces paroles, elle tira de ses longues manches de soie ses bras nus, d'une forme admirable et d'une blancheur éblouissante. « Vous voyez, dit-elle, le peu que cela vaut. » Le pontife trouva dans son cœur que cela valait beaucoup. Ses yeux le dirent, et sa bouche le confirma : il jura qu'il n'avait vu de sa vie de si beaux bras. « Hélas! lui dit la veuve, les bras peuvent être un peu moins mal que le reste; mais vous m'avouerez que la gorge n'était pas digne de mes attentions. » Alors elle laissa voir le sein le plus charmant que la nature eût jamais formé. Un bouton de rose sur une pomme d'ivoire n'eût paru auprès que de la garance sur du buis, et les agneaux sortant du lavoir auraient semblé d'un jaune brun. Cette gorge, ses grands yeux noirs qui languissaient en brillant doucement d'un feu tendre, ses joues animées de la plus belle pourpre mêlée au blanc de lait le plus pur, son nez, qui n'était pas comme la tour du mont Liban, ses

lèvres, qui étaient comme deux bordures de corail
renfermant les plus belles perles de la mer d'Arabie, tout cela ensemble fit croire au vieillard qu'il
avait vingt ans. Il fit en bégayant une déclaration
tendre. Almona, le voyant enflammé, lui demanda
la grâce de Zadig. « Hélas! dit-il, ma belle dame,
quand je vous accorderais sa grâce, mon indulgence
ne servirait de rien ; il faut qu'elle soit signée de
trois autres de mes confrères. — Signez toujours,
dit Almora. — Volontiers, dit le prêtre, à condition que vos faveurs seront le prix de ma facilité.
— Vous me faites trop d'honneur, dit Almona ;
ayez seulement pour agréable de venir dans ma
chambre après que le soleil sera couché, et dès
que la brillante étoile *Sheat* sera sur l'horizon.
Vous me trouverez sur un sopha couleur de rose,
et vous en userez comme vous pourrez avec votre
servante. » Elle sortit alors, emportant avec elle
la signature, et laissa le vieillard plein d'amour et
de défiance de ses forces. Il employa le reste du
jour à se baigner ; il but une liqueur composée de
la cannelle de Ceylan et des précieuses épices de
Tidor et de Ternate, et attendit avec impatience
que l'étoile *Sheat* vînt à paraître.

Cependant la belle Almona alla trouver le second
pontife. Celui-ci l'assura que le soleil, la lune et
tous les feux du firmament n'étaient que des feux
follets en comparaison de ses charmes. Elle lui
demanda la même grâce, et on lui proposa d'en
donner le prix. Elle se laissa vaincre, et donna
rendez-vous au second pontife au lever de l'étoile

Algénib. De là, elle passa chez le troisième et chez le quatrième prêtre, prenant toujours une signature et donnant un rendez-vous d'étoile en étoile. Alors elle fit avertir les juges de venir chez elle pour une affaire importante. Ils s'y rendirent: elle leur montra les quatre noms, et leur dit à quel prix les prêtres avaient vendu la grâce de Zadig. Chacun d'eux arriva à l'heure prescrite ; chacun fut bien étonné d'y trouver ses confrères, et plus encore d'y trouver les juges, devant qui leur honte fut manifestée. Zadig fut sauvé. Sétoc fut si charmé de l'habileté d'Almona qu'il en fit sa femme.

CHAPITRE XIV

LA DANSE

SÉTOC devait aller, pour les affaires de son commerce, dans l'île de Serendib ; mais le premier mois de son mariage, qui est, comme on sait, la lune de miel, ne lui permettait ni de quitter sa femme, ni de croire qu'il pût jamais la quitter. Il pria son ami Zadig de faire pour lui le voyage. « Hélas ! disait Zadig, faut-il que je mette encore un plus vaste espace entre la belle Astarté et moi ? Mais il faut servir mes bienfaiteurs. » Il dit, il pleura, et il partit.

Il ne fut pas longtemps dans l'île de Serendib sans y être regardé comme un homme extraordinaire. Il devint l'arbitre de tous les différends entre les négociants, l'ami des sages, le conseil du petit nombre de gens qui prennent conseil. Le roi voulut le voir et l'entendre. Il connut bientôt tout ce que valait Zadig ; il eut confiance en sa sagesse, et en fit son ami. La familiarité et l'estime du roi fit trembler Zadig. Il était, nuit et jour, pénétré du malheur que lui avaient attiré les bontés de Moabdar. « Je plais au roi, disait-il ; ne serai-je pas perdu ? » Cependant il ne pouvait se dérober aux caresses de Sa Majesté : car il faut avouer que Nabussan, roi de Serendib, fils de Nussanab, fils de Nabassun, fils de Sanbusna, était un des meilleurs princes de l'Asie, et que, quand on lui parlait, il était difficile de ne le pas aimer.

Ce bon prince était toujours loué, trompé et volé : c'était à qui pillerait ses trésors. Le receveur général de l'île de Serendib donnait toujours cet exemple, fidèlement suivi par les autres. Le roi le savait : il avait changé de trésorier plusieurs fois ; mais il n'avait pu changer la mode établie de partager les revenus du roi en deux moitiés inégales, dont la plus petite revenait toujours à Sa Majesté et la plus grosse aux administrateurs.

Le roi Nabussan confia sa peine au sage Zadig. « Vous qui savez tant de belles choses, lui dit-il, ne sauriez-vous point le moyen de me faire trouver un trésorier qui ne me vole point ? — Assurément, répondit Zadig, je sais une façon infaillible de vous donner un homme qui ait les mains nettes. » Le roi, charmé, lui demanda en l'embrassant comment il fallait s'y prendre. « Il n'y a, dit Zadig, qu'à faire danser tous ceux qui se présenteront pour la dignité de trésorier, et celui qui dansera avec le plus de légèreté sera infailliblement le plus honnête homme. — Vous vous moquez, dit le roi : voilà une plaisante façon de choisir un receveur de mes finances ! Quoi ! vous prétendez que celui qui fera le mieux un entrechat sera le financier le plus intègre et le plus habile ! — Je ne vous réponds pas qu'il sera le plus habile, repartit Zadig ; mais je vous assure que ce sera indubitablement le plus honnête homme. » Zadig parlait avec tant de confiance que le roi crut qu'il avait quelque secret

surnaturel pour connaître les financiers. « Je n'aime
pas le surnaturel, dit Zadig ; les gens et les livres
à prodiges m'ont toujours déplu : si Votre Majesté
veut me laisser faire l'épreuve que je lui propose,
elle sera bien convaincue que mon secret est la
chose la plus simple et la plus aisée. » Nabussan,
roi de Serendib, fut bien plus étonné d'entendre
que ce secret était simple que si on le lui avait
donné pour un miracle. « Or bien, dit-il, faites
comme vous l'entendrez. — Laissez-moi faire, dit
Zadig, vous gagnerez à cette épreuve plus que
vous ne pensez. » Le jour même il fit publier, au
nom du roi, que tous ceux qui prétendaient à l'emploi de haut receveur des deniers de Sa Gracieuse
Majesté Nabussan, fils de Nussanab, eussent à se
rendre, en habits de soie légère, le premier de la
lune du Crocodile, dans l'antichambre du roi. Ils
s'y rendirent au nombre de soixante et quatre. On
avait fait venir des violons dans un salon voisin ;
tout était préparé pour le bal ; mais la porte de
ce salon était fermée, et il fallait, pour y entrer,
passer par une petite galerie assez obscure. Un
huissier vint chercher et introduire chaque can-
didat, l'un après l'autre, par ce passage dans lequel
on le laissait seul quelques minutes. Le roi, qui
avait le mot, avait étalé tous ses trésors dans cette
galerie. Lorsque tous les prétendants furent arrivés
dans le salon, Sa Majesté ordonna qu'on les fît
danser. Jamais on ne dansa plus pesamment et
avec moins de grâce ; ils avaient tous la tête bais-
sée, les reins courbés, les mains collées à leurs

côtés. « Quels fripons ! » disait tout bas Zadig. Un seul d'entre eux formait des pas avec agilité, la tête haute, le regard assuré, les bras étendus, le corps droit, le jarret ferme. « Ah ! l'honnête homme ! le brave homme ! » disait Zadig. Le roi embrassa ce bon danseur, le déclara trésorier, et tous les autres furent punis et taxés pour la plus grande justice du monde : car chacun, dans le temps qu'il avait été dans la galerie, avait rempli ses poches et pouvait à peine marcher. Le roi fut fâché pour la nature humaine que de ces soixante et quatre danseurs il y eût soixante et trois filous. La galerie obscure fut appelée *le Corridor de la tentation*. On aurait, en Perse, empalé ces soixante et trois seigneurs ; en d'autres pays, on eût fait une chambre de justice qui eût consommé en frais le triple de l'argent volé, et qui n'eût rien remis dans les coffres du souverain ; dans un autre royaume, ils se seraient pleinement justifiés, et auraient fait disgracier ce danseur si léger : à Serendib, ils ne furent condamnés qu'à augmenter le trésor public, car Nabussan était fort indulgent.

Il était fort reconnaissant ; il donna à Zadig une somme d'argent plus considérable qu'aucun trésorier n'en avait jamais volé au roi son maître. Zadig s'en servit pour envoyer des exprès à Babylone, qui devaient l'informer de la destinée d'Astarté. Sa voix trembla en donnant cet ordre, son sang reflua vers son cœur, ses yeux se couvrirent de ténèbres, son âme fut prête à l'abandonner. Le courrier partit, Zadig le vit embarquer ; il rentra chez le roi, ne voyant personne, croyant être dans sa chambre, et prononçant le mot d'amour. « Ah ! l'amour, dit le roi, c'est précisément ce dont il s'agit ; vous avez deviné ce qui fait ma peine. Que vous êtes un grand homme ! J'espère que vous m'apprendrez à connaître une femme à toute épreuve, comme vous m'avez fait trouver un trésorier désintéressé. » Zadig, ayant repris ses sens, lui promit de le servir en amour comme en finance, quoique la chose parût plus difficile encore.

CHAPITRE XV
LES YEUX BLEUS

L E corps et le cœur », dit le roi à Zadig... A ces mots, le Babylonien ne put s'empêcher d'interrompre Sa Majesté. « Que je vous sais bon gré, dit-il, de n'avoir point dit *l'esprit et le cœur*! car on n'entend que ces mots dans les conversations de Babylone ; on ne voit que des livres où il est question du cœur et de l'esprit, composés par des gens qui n'ont ni de l'un ni de l'autre ; mais, de grâce, Sire, poursuivez. » Nabussan continua ainsi: « Le corps et le cœur sont chez moi destinés à aimer ; la première de ces deux puissances a tout lieu d'être satisfaite. J'ai ici cent femmes à mon service, toutes belles, complaisantes, prévenantes, voluptueuses même, ou feignant de l'être avec moi. Mon cœur n'est pas à beaucoup près si heureux. Je n'ai que trop éprouvé qu'on caresse beaucoup le roi de Serendib et qu'on se soucie fort peu de Nabussan. Ce n'est pas que je croie mes femmes infidèles ; mais je voudrais trouver une âme qui fût à moi ; je donnerais pour un pareil trésor les cent beautés dont je possède les charmes ; voyez si, sur ces cent sultanes, vous pouvez m'en trouver une dont je sois sûr d'être aimé. »

Zadig lui répondit comme il avait fait sur l'article des financiers : « Sire, laissez-moi faire ; mais permettez d'abord que je dispose de ce que vous

aviez étalé dans la galerie de la tentation ; je vous
en rendrai bon compte, et vous n'y perdrez rien. »
Le roi le laissa le maître absolu. Il choisit dans
Serendib trente-trois petits bossus des plus vilains
qu'il put trouver, trente-trois pages des plus beaux,
et trente-trois bonzes des plus éloquents et des plus
robustes. Il leur laissa à tous la liberté d'entrer
dans les cellules des sultanes ; chaque petit bossu
eut quatre mille pièces d'or à donner, et dès le premier jour tous les bossus furent heureux. Les
pages, qui n'avaient rien à donner qu'eux-mêmes,
ne triomphèrent qu'au bout de deux ou trois jours.
Les bonzes eurent un peu plus de peine ; mais enfin
trente-trois dévotes se rendirent à eux. Le roi,
par des jalousies qui avaient vue sur toutes les cellules, vit toutes ces épreuves, et fut émerveillé.
De ses cent femmes, quatre-vingt-dix-neuf succom-
bèrent à ses yeux. Il en restait une toute jeune,
toute neuve, de qui Sa Majesté n'avait jamais
approché. On lui détacha un, deux, trois bossus,
qui lui offrirent jusqu'à vingt mille pièces ; elle fut
incorruptible, et ne put s'empêcher de rire de l'idée
qu'avaient ces bossus de croire que de l'argent
les rendrait mieux faits. On lui présenta les deux
plus beaux pages ; elle dit qu'elle trouvait le roi
encore plus beau. On lui lâcha le plus éloquent
des bonzes, et ensuite le plus intrépide ; elle trouva
le premier un bavard, et ne daigna pas même
soupçonner le mérite du second. « Le cœur fait
tout, disait-elle ; je ne céderai jamais ni à l'or d'un
bossu, ni aux grâces d'un jeune homme, ni aux

séductions d'un bonze : j'aimerai uniquement Nabussan fils de Nussanab, et j'attendrai qu'il daigne m'aimer. » Le roi fut transporté de joie, d'étonnement et de tendresse. Il reprit tout l'argent qui avait fait réussir les bossus, et en fit présent à la belle Falide : c'était le nom de cette jeune personne. Il lui donna son cœur : elle le méritait bien. Jamais la fleur de la jeunesse ne fut si brillante ; jamais les charmes de la beauté ne furent si enchanteurs. La vérité de l'histoire ne permet pas de taire qu'elle faisait mal la révérence ; mais elle dansait comme les fées, chantait comme les sirènes et parlait comme les Grâces : elle était pleine de talents et de vertus.

Nabussan, aimé, l'adora ; mais elle avait les yeux bleus, et ce fut la source des plus grands malheurs. Il y avait une ancienne loi qui défendait aux rois d'aimer une de ces femmes que les Grecs ont appelées depuis βοῶπις. Le chef des bonzes avait établi cette loi il y avait plus de cinq mille ans ; c'était pour s'approprier la maîtresse du premier roi de l'île de Serendib que ce premier bonze avait fait passer l'anathème des yeux bleus en constitution fondamentale d'État. Tous les ordres de l'empire vinrent faire à Nabussan des remontrances. On disait publiquement que les derniers jours du royaume étaient arrivés, que l'abomination était à son comble, que toute la nature était menacée d'un événement sinistre ; qu'en un mot Nabussan fils de Nussanab aimait deux grands yeux bleus. Les bossus, les financiers, les bonzes et les brunes remplirent le royaume de leurs plaintes.

Les peuples sauvages qui habitent le nord de Serendib profitèrent de ce mécontentement général. Ils firent une irruption dans les États du bon Nabussan. Il demanda des subsides à ses sujets ; les bonzes, qui possédaient la moitié des revenus de l'État, se contentèrent de lever les mains au ciel, et refusèrent de les mettre dans leurs coffres pour aider le roi. Ils firent de belles prières en musique, et laissèrent l'État en proie aux barbares.

« O mon cher Zadig, me tireras-tu encore de cet horrible embarras ? s'écria douloureusement Nabussan. — Très volontiers, répondit Zadig ; vous aurez de l'argent des bonzes tant que vous en voudrez. Laissez à l'abandon les terres où sont situés leurs châteaux, et défendez seulement les vôtres. » Nabussan n'y manqua pas : les bonzes vinrent se jeter aux pieds du roi et implorer son assistance. Le roi leur répondit par une belle musique dont les paroles étaient des prières au Ciel pour la conservation de leurs terres. Les bonzes enfin donnèrent de l'argent, et le roi finit heureusement la guerre. Ainsi Zadig, par ses conseils sages et heureux, et par les plus grands services, s'était attiré l'irréconciliable inimitié des hommes les plus puissants de l'État : les bonzes et les brunes jurèrent sa perte ; les financiers et les bossus ne l'épargnèrent pas ; on le rendit suspect au bon Nabussan. Les services rendus restent souvent dans l'antichambre, et les soupçons entrent dans le cabinet, selon la sentence de Zoroastre : c'était tous les jours de nouvelles accusations ; la première est repoussée, la seconde effleure, la troisième blesse, la quatrième tue.

Zadig intimidé, qui avait bien fait les affaires de son ami Sétoc et qui lui avait fait tenir son argent, ne songea plus qu'à partir de l'île, et résolut d'aller lui-même chercher des nouvelles d'Astarté : « Car, disait-il, si je reste dans Serendib, les bonzes me feront empaler ; mais où aller ? Je serai esclave en Égypte, brûlé, selon toutes les apparences, en Arabie, étranglé à Babylone. Cependant il faut savoir ce qu'Astarté est devenue : partons, et voyons à quoi me réserve ma triste destinée. »

CHAPITRE XVI
LE BRIGAND

En arrivant aux frontières qui séparent l'Arabie Pétrée de la Syrie, comme il passait près d'un château assez fort, des Arabes armés en sortirent. Il se vit entouré ; on lui criait : « Tout ce que vous avez nous appartient, et votre personne appartient à notre maître. » Zadig pour réponse tira son épée ; son valet, qui avait du courage, en fit autant. Ils renversèrent morts les premiers Arabes qui mirent la main sur eux ; le nombre redoubla ; ils ne s'étonnèrent point, et résolurent de périr en combattant. On voyait deux hommes se défendre contre une multitude ; un tel combat ne pouvait durer longtemps. Le maître du château, nommé Arbogad, ayant vu d'une fenêtre les prodiges de valeur que faisait Zadig, conçut de l'estime pour lui. Il descendit en hâte, et vint lui-même écarter ses gens et délivrer les deux voyageurs. « Tout ce qui passe sur mes terres est à moi, dit-il, aussi bien que ce que je trouve sur les terres des autres ; mais vous me paraissez un si brave homme que je vous exempte de la loi commune. » Il le fit entrer dans son château, ordonnant à ses gens de le bien traiter, et, le soir, Arbogad voulut souper avec Zadig.

Le seigneur du château était un de ces Arabes qu'on appelle *voleurs* ; mais il faisait quelquefois de bonnes actions parmi une foule de mauvaises :

il volait avec une rapacité furieuse, et donnait libé-
ralement ; intrépide dans l'action, assez doux dans
le commerce, débauché à table, gai dans la dé-
bauche, et surtout plein de franchise. Zadig lui
plut beaucoup ; sa conversation, qui s'anima, fit
durer le repas ; enfin Arbogad lui dit : « Je vous
conseille de vous enrôler sous moi ; vous ne sauriez
mieux faire ; ce métier-ci n'est pas mauvais ; vous
pourrez un jour devenir ce que je suis. — Puis-je
vous demander, dit Zadig, depuis quel temps vous
exercez cette noble profession ? — Dès ma plus
tendre jeunesse, reprit le seigneur. J'étais valet
d'un Arabe assez habile ; ma situation m'était insupportable. J'étais au désespoir de voir que dans
toute la terre, qui appartient également aux
hommes, la destinée ne m'eût pas réservé ma por-
tion. Je confiai mes peines à un vieil Arabe, qui
me dit : « Mon fils, ne désespérez pas : il y avait
« autrefois un grain de sable qui se lamentait d'être
« un atome ignoré dans les déserts ; au bout de
« quelques années il devint diamant, et il est à
« présent le plus bel ornement de la couronne du
« roi des Indes. » Ce discours me fit impression :
j'étais le grain de sable, je résolus de devenir diamant. Je commençai par voler deux chevaux ; je
m'associai des camarades ; je me mis en état de
voler de petites caravanes : ainsi je fis cesser peu
à peu la disproportion qui était d'abord entre les
hommes et moi. J'eus ma part aux biens de ce
monde, et je fus même dédommagé avec usure :
on me considéra beaucoup ; je devins seigneur

brigand, j'acquis ce château par voie de fait. Le satrape de Syrie voulut m'en déposséder ; mais j'étais déjà trop riche pour avoir rien à craindre : je donnai de l'argent au satrape, moyennant quoi je conservai ce château, et j'agrandis mes domaines ; il me nomma même trésorier des tributs que l'Arabie Pétrée payait au roi des rois. Je fis ma charge de receveur, et point du tout celle de payeur.

« Le grand desterham de Babylone envoya ici, au nom du roi Moabdar, un petit satrape pour me faire étrangler. Cet homme arriva avec son ordre : j'étais instruit de tout ; je fis étrangler en sa présence les quatre personnes qu'il avait amenées avec lui pour serrer le lacet ; après quoi je lui demandai ce que pouvait lui valoir la commission de m'étrangler. Il me répondit que ses honoraires pouvaient aller à trois cents pièces d'or. Je lui fis voir clair qu'il y aurait plus à gagner avec moi. Je le fis sous-brigand ; il est aujourd'hui un de mes meilleurs officiers et des plus riches. Si vous m'en croyez, vous réussirez comme lui. Jamais la saison de voler n'a été meilleure, depuis que Moabdar est tué et que tout est en confusion dans Babylone.

— Moabdar est tué ! dit Zadig ; et qu'est devenue la reine Astarté ? — Je n'en sais rien, reprit Arbogad. Tout ce que je sais, c'est que Moabdar est devenu fou, qu'il a été tué, que Babylone est un grand coupe-gorge, que tout l'empire est désolé, qu'il y a de beaux coups à faire encore, et que pour ma part j'en ai fait d'admirables. — Mais la reine? dit Zadig; de grâce, ne savez-vous rien de la destinée de la reine? — On m'a parlé d'un prince d'Hyrcanie, reprit-il; elle est probablement parmi ses concubines, si elle n'a pas été tuée dans le tumulte; mais je suis plus curieux de butin que de nouvelles. J'ai pris plusieurs femmes dans mes courses; je n'en garde aucune; je les vends cher quand elles sont belles, sans m'informer de ce qu'elles sont. On n'achète point le rang; une reine qui serait laide ne trouverait pas marchand; peut-être ai-je vendu la reine Astarté, peut-être est-elle morte; mais peu m'importe, et je pense que vous ne devez pas vous en soucier plus que moi. » En parlant ainsi il buvait avec tant de courage, il confondait tellement toutes les idées, que Zadig n'en put tirer aucun éclaircissement.

Il restait interdit, accablé, immobile. Arbogad buvait toujours, faisait des contes, répétait sans cesse qu'il était le plus heureux de tous les hommes, exhortant Zadig à se rendre aussi heureux que lui. Enfin, doucement assoupi par les fumées du vin, il alla dormir d'un sommeil tranquille. Zadig passa la nuit dans l'agitation la plus violente. « Quoi! disait-il, le roi est devenu fou! il est tué! Je ne peux m'empêcher de le plaindre. L'empire est déchiré, et ce brigand est heureux: ô fortune! ô destinée! un voleur est heureux, et ce que la nature a fait de plus aimable a péri peut-être d'une manière affreuse, ou vit dans un état pire que la mort. O Astarté! qu'êtes-vous devenue? »

Dès le point du jour il interrogea tous ceux

qu'il rencontrait dans le château ; mais tout le monde était occupé, personne ne lui répondit : on avait fait pendant la nuit de nouvelles conquêtes, on partageait les dépouilles. Tout ce qu'il put obtenir dans cette confusion tumultueuse, ce fut la permission de partir. Il en profita sans tarder, plus abîmé que jamais dans ses réflexions douloureuses.

Zadig marchait inquiet, agité, l'esprit tout occupé de la malheureuse Astarté, du roi de Babylone, de son fidèle Cador, de l'heureux brigand Arbogad, de cette femme si capricieuse que des Babyloniens avaient enlevée sur les confins de l'Égypte, enfin de tous les contretemps et de toutes les infortunes qu'il avait éprouvés.

CHAPITRE XVII

LE PÊCHEUR

A quelques lieues du château d'Arbogad il se trouva sur le bord d'une petite rivière, toujours déplorant sa destinée et se regardant comme le modèle du malheur. Il vit un pêcheur couché sur la rive, tenant à peine d'une main languissante son filet, qu'il semblait abandonner, et levant les yeux vers le ciel.

« Je suis certainement le plus malheureux de tous les hommes, disait le pêcheur. J'ai été, de l'aveu de tout le monde, le plus célèbre marchand de fromages à la crème dans Babylone, et j'ai été ruiné. J'avais la plus jolie femme qu'homme de ma sorte pût posséder, et j'en ai été trahi. Il me restait une chétive maison, je l'ai vue pillée et détruite. Réfugié dans une cabane, je n'ai de ressource que ma pêche, et je ne prends pas un poisson. O mon filet, je ne te jetterai plus dans l'eau, c'est à moi de m'y jeter. » En disant ces mots il se lève et s'avance, dans l'attitude d'un homme qui allait se précipiter et finir sa vie.

« Eh quoi ! se dit Zadig à lui-même, il y a donc des hommes aussi malheureux que moi ! » L'ardeur de sauver la vie au pêcheur fut aussi prompte que cette réflexion. Il court à lui, il l'arrête, il l'interroge d'un air attendri et consolant. On prétend qu'on en est moins malheureux quand on ne l'est pas seul ; mais,

selon Zoroastre, ce n'est pas par malignité, c'est
par besoin. On se sent alors entraîné vers un infortuné comme vers son semblable. La joie d'un homme
heureux serait une insulte ; mais deux malheureux
sont comme deux arbrisseaux faibles qui, s'ap-
puyant l'un sur l'autre, se fortifient contre l'orage.

« Pourquoi succombez-vous à vos malheurs ? dit
Zadig au pêcheur. — C'est, répondit-il, parce que
je n'y vois pas de ressource. J'ai été le plus considéré du village de Derlback auprès de Babylone,
et je faisais, avec l'aide de ma femme, les meilleurs fromages à la crème de l'empire. La reine
Astarté et le fameux ministre Zadig les aimaient
passionnément. J'avais fourni à leurs maisons six
cents fromages. J'allai un jour à la ville pour être
payé ; j'appris, en arrivant dans Babylone, que la
reine et Zadig avaient disparu. Je courus chez le
seigneur Zadig, que je n'avais jamais vu : je trouvai les archers du grand desterham, qui, munis
d'un papier royal, pillaient sa maison loyalement
et avec ordre. Je volai aux cuisines de la reine :
quelques-uns des seigneurs de la bouche me dirent
qu'elle était morte ; d'autres dirent qu'elle était en
prison ; d'autres prétendirent qu'elle avait pris la
fuite ; mais tous m'assurèrent qu'on ne me payerait
point mes fromages. J'allai avec ma femme chez
le seigneur Orcan, qui était une de mes pratiques :
nous lui demandâmes sa protection dans notre dis-
grâce ; il l'accorda à ma femme, et me la refusa.
Elle était plus blanche que ses fromages à la crème,
qui commencèrent mon malheur ; et l'éclat de la

pourpre de Tyr n'était pas plus brillant que l'in-
carnat qui animait cette blancheur. C'est ce qui fit
qu'Orcan la retint, et me chassa de sa maison.
J'écrivis à ma chère femme la lettre d'un désespéré.
Elle dit au porteur : « Ah, ah ! oui ! je sais quel est
« l'homme qui m'écrit, j'en ai entendu parler : on
« dit qu'il fait des fromages à la crème excellents ;
« qu'on m'en apporte, et qu'on les lui paye. »

« Dans mon malheur, je voulus m'adresser à la
justice. Il me restait six onces d'or : il fallut en
donner deux onces à l'homme de loi que je con-
sultai, deux au procureur qui entreprit mon
affaire, deux au secrétaire du premier juge. Quand
tout cela fut fait, mon procès n'était pas encore
commencé, et j'avais déjà dépensé plus d'argent
que mes fromages et ma femme ne valaient. Je retour-
nai à mon village dans l'intention de vendre ma
maison pour avoir ma femme.

« Ma maison valait bien soixante onces d'or;
mais on me voyait pauvre et pressé de vendre. Le
premier à qui je m'adressai m'en offrit trente
onces, le second vingt, et le troisième dix. J'étais
prêt enfin de conclure, tant j'étais aveuglé, lorsqu'un prince d'Hyrcanie vint à Babylone et rava-
gea tout sur son passage. Ma maison fut d'abord
saccagée, et ensuite brûlée.

« Ayant ainsi perdu mon argent, ma femme et
ma maison, je me suis retiré dans ce pays où vous
me voyez. J'ai tâché de subsister du métier de
pêcheur; les poissons se moquent de moi comme
les hommes. Je ne prends rien, je meurs de faim;

et sans vous, auguste consolateur, j'allais mourir
dans la rivière. »

Le pêcheur ne fit point ce récit tout de suite :
car à tout moment Zadig, ému et transporté, lui
disait : « Quoi? vous ne savez rien de la destinée
de la reine? — Non, Seigneur, répondait le
pêcheur; mais je sais que la reine et Zadig ne m'ont
point payé mes fromages à la crème, qu'on a pris
ma femme, et que je suis au désespoir. — Je me
flatte, dit Zadig, que vous ne perdrez pas tout
votre argent. J'ai entendu parler de ce Zadig; il
est honnête homme; et s'il retourne à Babylone,
comme il l'espère, il vous donnera plus qu'il ne
vous doit; mais pour votre femme, qui n'est pas si
honnête, je vous conseille de ne pas chercher à la
reprendre. Croyez-moi, allez à Babylone; j'y
serai avant vous, parce que je suis à cheval et que
vous êtes à pied. Adressez-vous à l'illustre Cador;
dites-lui que vous avez rencontré son ami; atten-
dez-moi chez lui. Allez; peut-être ne serez-vous
pas toujours malheureux. O puissant Orosmade!
continua-t-il, vous vous servez de moi pour consoler cet homme; de qui vous servirez-vous pour
me consoler? » En parlant ainsi il donnait au
pêcheur la moitié de tout l'argent qu'il avait apporté
d'Arabie, et le pêcheur, confondu et ravi, baisait
les pieds de l'ami de Cador, et disait : « Vous
êtes un ange sauveur. »

Cependant Zadig demandait toujours des nouvelles et versait des larmes. « Quoi? Seigneur,
s'écria le pêcheur, vous seriez donc aussi malheu-

reux, vous qui faites du bien? — Plus malheureux
que toi cent fois, répondait Zadig. — Mais comment se peut-il faire, disait le bonhomme, que
celui qui donne soit plus à plaindre que celui qui
reçoit? — C'est que ton plus grand malheur, reprit
Zadig, était le besoin, et que je suis infortuné
par le cœur. — Orcan vous aurait-il pris votre
femme? » dit le pêcheur. Ce mot rappela dans
l'esprit de Zadig toutes ses aventures : il répétait
la liste de ses infortunes, à commencer depuis la
chienne de la reine jusqu'à son arrivée chez le brigand Arbogad. « Ah! dit-il au pêcheur, Orcan
mérite d'être puni. Mais d'ordinaire ce sont ces
gens-là qui sont les favoris de la destinée. Quoi
qu'il en soit, va chez le seigneur Cador, et attends-
moi. » Ils se séparèrent : le pêcheur marcha en
remerciant son destin, et Zadig courut en accusant toujours le sien.

CHAPITRE XVIII

LE BASILIC

Arrivé dans une belle prairie, il y vit plusieurs femmes qui cherchaient quelque chose avec beaucoup d'application. Il prit la liberté de s'approcher de l'une d'elles et de lui demander s'il pouvait avoir l'honneur de les aider dans leurs recherches. « Gardez-vous-en bien, répondit la Syrienne ; ce que nous cherchons ne peut être touché que par des femmes. — Voilà qui est bien étrange, dit Zadig ; oserai-je vous prier de m'apprendre ce que c'est qu'il n'est permis qu'aux femmes de toucher ? — C'est un basilic, dit-elle. — Un basilic, Madame ! et pour quelle raison, s'il vous plaît, cherchez-vous un basilic ? — C'est pour notre seigneur et maître Ogul, dont vous voyez le château sur le bord de cette rivière, au bout de la prairie. Nous sommes ses très humbles esclaves ; le seigneur Ogul est malade ; son médecin lui a ordonné de manger un basilic cuit dans l'eau-rose, et comme c'est un animal fort rare, qui ne se laisse jamais prendre que par des femmes, le seigneur Ogul a promis de choisir pour sa femme bien-aimée celle de nous qui lui apporterait un basilic : laissez-moi chercher, s'il vous plaît, car vous voyez ce qu'il m'en coûterait si j'étais prévenue par mes compagnes. »

Zadig laissa cette Syrienne et les autres chercher

leur basilic, et continua de marcher dans la
prairie. Quand il fut au bord d'un petit ruisseau,
il y trouva une autre dame couchée sur le gazon,
et qui ne cherchait rien. Sa taille paraissait majes-
tueuse, mais son visage était couvert d'un voile.
Elle était penchée vers le ruisseau; de profonds
soupirs sortaient de sa bouche. Elle tenait en
main une petite baguette, avec laquelle elle tra-
çait des caractères sur un sable fin qui se trouvait
entre le gazon et le ruisseau. Zadig eut la curiosité de voir ce que cette femme écrivait; il s'approcha, il vit la lettre Z, puis un A; il fut étonné;
puis parut un D : il tressaillit. Jamais surprise ne
fut égale à la sienne, quand il vit les deux dernières lettres de son nom. Il demeura quelque
temps immobile; enfin, rompant le silence d'une
voix entrecoupée : « O généreuse dame! pardon-
nez à un étranger, à un infortuné, d'oser vous
demander par quelle aventure étonnante je trouve
ici le nom de ZADIG tracé de votre main divine. »
A cette voix, à ces paroles, la dame releva son
voile d'une main tremblante, regarda Zadig, jeta
un cri d'attendrissement, de surprise et de joie,
et succombant sous tous les mouvements divers
qui assaillaient à la fois son âme, elle tomba évanouie entre ses bras. C'était Astarté elle-même,
c'était la reine de Babylone, c'était celle que
Zadig adorait, et qu'il se reprochait d'adorer;
c'était celle dont il avait tant pleuré et tant craint
la destinée. Il fut un moment privé de l'usage de
ses sens; et quand il eut attaché ses regards sur

les yeux d'Astarté qui se rouvraient avec une
langueur mêlée de confusion et de tendresse : « O
puissances immortelles! s'écria-t-il, qui présidez
aux destins des faibles humains, me rendez-vous
Astarté? En quel temps, en quels lieux, en quel
état la revois-je! » Il se jeta à genoux devant
Astarté, et il attacha son front à la poussière de
ses pieds. La reine de Babylone le relève et le fait
asseoir auprès d'elle sur le bord de ce ruisseau;
elle essuyait à plusieurs reprises ses yeux dont
les larmes recommençaient toujours à couler. Elle
reprenait vingt fois des discours que ses gémissements interrompaient; elle l'interrogeait sur le
hasard qui les rassemblait, et prévenait soudain
les réponses par d'autres questions. Elle entamait
le récit de ses malheurs, et voulait savoir ceux de
Zadig. Enfin, tous deux ayant un peu apaisé le
tumulte de leurs âmes, Zadig lui conta en peu de
mots par quelle aventure il se trouvait dans cette
prairie. « Mais, ô malheureuse et respectable
reine! comment vous retrouvé-je en ce lieu écarté,
vêtue en esclave, et accompagnée d'autres femmes
esclaves qui cherchent un basilic pour le faire cuire
dans de l'eau-rose par ordonnance du médecin?
— Pendant qu'elles cherchent leur basilic, dit
la belle Astarté, je vais vous apprendre tout ce
que j'ai souffert, et tout ce que je pardonne au
Ciel depuis que je vous revois. Vous savez que le
roi mon mari trouva mauvais que vous fussiez le
plus aimable de tous les hommes; et ce fut pour
cette raison qu'il prit une nuit la résolution de

vous faire étrangler et de m'empoisonner. Vous savez comme le Ciel permit que mon petit muet m'avertît de l'ordre de Sa Sublime Majesté. A peine le fidèle Cador vous eut-il forcé de m'obéir et de partir qu'il osa entrer chez moi au milieu de la nuit par une issue secrète. Il m'enleva, et me conduisit dans le temple d'Orosmade, où le mage, son frère, m'enferma dans une statue colossale dont la base touche aux fondements du temple et dont la tête atteint la voûte. Je fus là comme ensevelie, mais servie par le mage et ne manquant d'aucune chose nécessaire. Cependant, au point du jour, l'apothicaire de Sa Majesté entra dans ma chambre avec une potion mêlée de jusquiame, d'opium, de ciguë, d'ellébore noir et d'aconit; et un autre officier alla chez vous avec un lacet de soie bleue. On ne trouva personne. Cador, pour mieux tromper le roi, feignit de venir nous accuser tous deux. Il dit que vous aviez pris la route des Indes, et moi celle de Memphis : on envoya des satellites après vous et après moi.

« Les courriers qui me cherchaient ne me connaissaient pas. Je n'avais presque jamais montré mon visage qu'à vous seul, en présence et par ordre de mon époux. Ils coururent à ma poursuite, sur le portrait qu'on leur faisait de ma personne : une femme de la même taille que moi, et qui peut-être avait plus de charmes, s'offrit à leurs regards sur les frontières de l'Égypte. Elle était éplorée, errante. Ils ne doutèrent pas que cette femme ne fût la reine de Babylone; ils la menèrent

à Moabdar. Leur méprise fit entrer d'abord le
roi dans une violente colère ; mais bientôt, ayant
considéré de plus près cette femme, il la trouva
très belle, et fut consolé. On l'appelait Missouf.
On m'a dit depuis que ce nom signifie en langue
égyptienne *la Belle Capricieuse*. Elle l'était en
effet ; mais elle avait autant d'art que de caprice.
Elle plut à Moabdar. Elle le subjugua au point
de se faire déclarer sa femme. Alors son caractère se développa tout entier ; elle se livra sans
crainte à toutes les folies de son imagination. Elle
voulut obliger le chef des mages, qui était vieux
et goutteux, de danser devant elle ; et, sur le refus
du mage, elle le persécuta violemment. Elle
ordonna à son grand écuyer de lui faire une tourte
de confitures. Le grand écuyer eut beau lui représenter qu'il n'était point pâtissier, il fallut qu'il
fît la tourte ; et on le chassa parce qu'elle était
trop brûlée. Elle donna la charge de grand
écuyer à son nain, et la place de chancelier à un
page. C'est ainsi qu'elle gouverna Babylone. Tout
le monde me regrettait. Le roi, qui avait été assez
honnête homme jusqu'au moment où il avait voulu
m'empoisonner et vous faire étrangler, semblait
avoir noyé ses vertus dans l'amour prodigieux qu'il
avait pour la belle capricieuse. Il vint au temple
le grand jour du feu sacré. Je le vis implorer les
dieux pour Missouf aux pieds de la statue où
j'étais renfermée. J'élevai la voix ; je lui criai : « Les
« dieux refusent les vœux d'un roi devenu tyran,
« qui a voulu faire mourir une femme raisonnable

« pour épouser une extravagante. » Moabdar fut confondu de ces paroles au point que sa tête se troubla. L'oracle que j'avais rendu et la tyrannie de Missouf suffisaient pour lui faire perdre le jugement. Il devint fou en peu de jours.

« Sa folie, qui parut un châtiment du Ciel, fut le signal de la révolte. On se souleva, on courut aux armes. Babylone, si longtemps plongée dans une mollesse oisive, devint le théâtre d'une guerre civile affreuse. On me tira du creux de ma statue, et on me mit à la tête d'un parti. Cador courut à Memphis pour vous ramener à Babylone. Le prince d'Hyrcanie, apprenant ces funestes nouvelles, revint avec son armée faire un troisième parti dans la Chaldée. Il attaqua le roi, qui courut au-devant de lui avec son extravagante Égyptienne. Moabdar mourut percé de coups. Missouf tomba aux mains du vainqueur. Mon malheur voulut que je fusse prise moi-même par un parti hyrcanien, et qu'on me menât devant le prince précisément dans le temps qu'on lui amenait Missouf. Vous serez flatté, sans doute, en apprenant que le prince me trouva plus belle que l'Égyptienne ; mais vous serez fâché d'apprendre qu'il me destina à son sérail. Il me dit fort résolument que, dès qu'il aurait fini une expédition militaire qu'il allait exécuter, il viendrait à moi. Jugez de ma douleur. Mes liens avec Moabdar étaient rompus, je pouvais être à Zadig ; et je tombais dans les chaînes de ce barbare ! Je lui répondis avec toute la fierté que me donnaient mon rang et mes sentiments. J'avais toujours entendu dire que le Ciel attachait aux personnes de ma sorte un caractère de grandeur qui, d'un mot et d'un coup d'œil, faisait rentrer dans l'abaissement du plus profond respect les téméraires qui osaient s'en écarter. Je parlai en reine, mais je fus traitée en demoiselle suivante. L'Hyrcanien, sans daigner seulement m'adresser la parole, dit à son eunuque noir que j'étais une impertinente, mais qu'il me trouvait jolie. Il lui ordonna d'avoir soin de moi et de me mettre au régime des favorites, afin de me rafraîchir le teint et de me rendre plus digne de ses faveurs pour le jour où il aurait la commodité de m'en honorer. Je lui dis que je me tuerais; il répliqua en riant qu'on ne se tuait point, qu'il était fait à ces façons-là, et me quitta comme un homme qui vient de mettre un perroquet dans sa ménagerie. Quel état pour la première reine de l'univers, et, je dirai plus, pour un cœur qui était à Zadig! »

A ces paroles, il se jeta à ses genoux et les baigna de larmes. Astarté le releva tendrement, et elle continua ainsi : « Je me voyais au pouvoir d'un barbare et rivale d'une folle avec qui j'étais renfermée. Elle me raconta son aventure d'Égypte. Je jugeai par les traits dont elle vous peignait, par le temps, par le dromadaire sur lequel vous étiez monté, par toutes les circonstances, que c'était Zadig qui avait combattu pour elle. Je ne doutai pas que vous ne fussiez à Memphis; je pris la résolution de m'y retirer. « Belle Missouf, lui

« dis-je, vous êtes beaucoup plus plaisante que
« moi, vous divertirez bien mieux que moi le
« prince d'Hyrcanie. Facilitez-moi les moyens de me
« sauver ; vous régnerez seule, vous me rendrez heu-
« reuse en vous débarrassant d'une rivale. » Missouf
concerta avec moi les moyens de ma fuite. Je partis
donc secrètement avec une esclave égyptienne.

« J'étais déjà près de l'Arabie, lorsqu'un fameux
voleur, nommé Arbogad, m'enleva, et me vendit
à des marchands qui m'ont amenée dans ce château, où demeure le seigneur Ogul. Il m'a achetée
sans savoir qui j'étais. C'est un homme voluptueux
qui ne cherche qu'à faire grande chère, et qui croit
que Dieu l'a mis au monde pour tenir table. Il est
d'un embonpoint excessif, qui est toujours prêt à
le suffoquer. Son médecin, qui n'a que peu de crédit auprès de lui quand il digère bien, le gouverne
despotiquement quand il a trop mangé. Il lui a
persuadé qu'il le guérirait avec un basilic cuit dans
de l'eau-rose. Le seigneur Ogul a promis sa main
à celle de ses esclaves qui lui apporterait un basilic. Vous voyez que je les laisse s'empresser à
mériter cet honneur, et je n'ai jamais eu moins
d'envie de trouver ce basilic que depuis que le
Ciel a permis que je vous revisse. »

Alors Astarté et Zadig se dirent tout ce que des
sentiments longtemps retenus, tout ce que leurs
malheurs et leurs amours pouvaient inspirer aux
cœurs les plus nobles et les plus passionnés ; et les
génies qui président à l'amour portèrent leurs
paroles jusqu'à la sphère de Vénus.

Les femmes rentrèrent chez Ogul sans avoir rien trouvé. Zadig se fit présenter à lui, et lui parla en ces termes : « Que la santé immortelle descende du ciel pour avoir soin de tous vos jours ! Je suis médecin ; j'ai accouru vers vous sur le bruit de votre maladie, et je vous ai apporté un basilic cuit dans de l'eau-rose. Ce n'est pas que je prétende vous épouser. Je ne vous demande que la liberté d'une jeune esclave de Babylone que vous avez depuis quelques jours ; et je consens de rester en esclavage à sa place si je n'ai pas le bonheur de guérir le magnifique seigneur Ogul. »

La proposition fut acceptée. Astarté partit pour Babylone avec le domestique de Zadig, en lui promettant de lui envoyer incessamment un courrier pour l'instruire de tout ce qui se serait passé. Leurs adieux furent aussi tendres que l'avait été leur reconnaissance. Le moment où l'on se retrouve et celui où l'on se sépare sont les deux plus grandes époques de la vie, comme dit le grand livre du *Zend*. Zadig aimait la reine autant qu'il le jurait, et la reine aimait Zadig plus qu'elle ne lui disait.

Cependant Zadig parla ainsi à Ogul : « Seigneur, on ne mange point mon basilic, toute sa vertu doit entrer chez vous par les pores. Je l'ai mis dans une petite outre bien enflée et couverte d'une peau fine : il faut que vous poussiez cette outre de toute votre force, et que je vous la renvoie à plusieurs reprises ; et en peu de jours de régime vous verrez ce que peut mon art. » Ogul, dès le premier jour, fut tout essoufflé, et crut qu'il mourrait de fatigue. Le second, il fut moins fatigué, et dormit mieux. En huit jours il recouvra toute la force, la santé, la légèreté et la gaieté de ses plus brillantes années. « Vous avez joué au ballon, et vous avez été sobre, lui dit Zadig : apprenez qu'il n'y a point de basilic dans la nature, qu'on se porte toujours bien avec de la sobriété et de l'exercice, et que l'art de faire subsister ensemble l'intempérance et la santé est un art aussi chimérique que la pierre philosophale, l'astrologie judiciaire et la théologie des mages. »

Le premier médecin d'Ogul, sentant combien cet homme était dangereux pour la médecine, s'unit avec l'apothicaire du corps pour envoyer Zadig chercher des basilics dans l'autre monde. Ainsi, après avoir été toujours puni pour avoir bien fait, il était prêt de périr pour avoir guéri un seigneur gourmand. On l'invita à un excellent dîner. Il devait être empoisonné au second service ; mais il reçut un courrier de la belle Astarté au premier. Il quitta la table, et partit. « Quand on est aimé d'une belle femme, dit le grand Zoroastre, on se tire toujours d'affaire dans ce monde. »

CHAPITRE XIX

LES COMBATS

LA reine avait été reçue à Babylone avec les
transports qu'on a toujours pour une belle
princesse qui a été malheureuse. Babylone alors paraissait être plus tranquille. Le prince d'Hyrcanie
avait été tué dans un combat. Les Babyloniens,
vainqueurs, déclarèrent qu'Astarté épouserait
celui qu'on choisirait pour souverain. On ne voulut point que la première place du monde, qui
serait celle de mari d'Astarté et de roi de Babylone, dépendît des intrigues et des cabales. On jura
de reconnaître pour roi le plus vaillant et le plus
sage. Une grande lice bordée d'amphithéâtres
magnifiquement ornés fut formée à quelques lieues
de la ville. Les combattants devaient s'y rendre
armés de toutes pièces. Chacun d'eux avait derrière les amphithéâtres un appartement séparé où
il ne devait être vu ni connu de personne. Il fallait
courir quatre lances. Ceux qui seraient assez heureux pour vaincre quatre chevaliers devaient combattre ensuite les uns contre les autres ; de façon
que celui qui resterait le dernier maître du champ
serait proclamé le vainqueur des jeux. Il devait
revenir quatre jours après, avec les mêmes armes,
et expliquer les énigmes proposées par les mages.
S'il n'expliquait point les énigmes, il n'était point
roi, et il fallait recommencer à courir des lances

jusqu'à ce qu'on trouvât un homme qui fût vainqueur dans ces deux combats : car on voulait absolument pour roi le plus vaillant et le plus sage. La reine, pendant tout ce temps, devait être étroitement gardée : on lui permettait seulement d'assister aux jeux couverte d'un voile ; mais on ne souffrait pas qu'elle parlât à aucun des prétendants, afin qu'il n'y eût ni faveur ni injustice.

Voilà ce qu'Astarté faisait savoir à son amant, espérant qu'il montrerait pour elle plus de valeur et d'esprit que personne. Il partit, et pria Vénus de fortifier son courage et d'éclairer son esprit. Il arriva sur le rivage de l'Euphrate la veille de ce grand jour. Il fit inscrire sa devise parmi celles des combattants, en cachant son visage et son nom, comme la loi l'ordonnait, et alla se reposer dans l'appartement qui lui échut par le sort. Son ami Cador, qui était revenu à Babylone après l'avoir inutilement cherché en Égypte, fit porter dans sa loge une armure complète que la reine lui envoyait. Il lui fit amener aussi de sa part le plus beau cheval de Perse. Zadig reconnut Astarté à ces présents : son courage et son amour en prirent de nouvelles forces et de nouvelles espérances.

Le lendemain, la reine étant venue se placer sous un dais de pierreries, et les amphithéâtres étant remplis de toutes les dames et de tous les ordres de Babylone, les combattants parurent dans le cirque. Chacun d'eux vint mettre sa devise aux pieds du grand mage. On tira au sort les devises ; celle de Zadig fut la dernière. Le premier qui

s'avança était un seigneur très riche, nommé Itobad, fort vain, peu courageux, très maladroit, et
sans esprit. Ses domestiques l'avaient persuadé
qu'un homme comme lui devait être roi ; il leur
avait répondu : « Un homme comme moi doit
régner. » Ainsi on l'avait armé de pied en cap. Il
portait une armure d'or émaillée de vert, un
panache vert, une lance ornée de rubans verts. On
s'aperçut d'abord, à la manière dont Itobad gou-
vernait son cheval, que ce n'était pas un homme
comme lui à qui le Ciel réservait le sceptre de
Babylone. Le premier cavalier qui courut contre
lui le désarçonna ; le second le renversa sur la
croupe de son cheval, les deux jambes en l'air et
les bras étendus. Itobad se remit, mais de si mauvaise grâce que tout l'amphithéâtre se mit à rire.
Un troisième ne daigna pas se servir de sa lance ;
mais, en lui faisant une passe, il le prit par la
jambe droite, et, lui faisant faire un demi-tour, il
le fit tomber sur le sable : les écuyers des jeux
accoururent à lui en riant et le remirent en selle.
Le quatrième combattant le prend par la jambe
gauche, et le fait tomber de l'autre côté. On le conduisit avec des huées à sa loge, où il devait passer
la nuit selon la loi ; et il disait en marchant à peine :
« Quelle aventure pour un homme comme moi ! »

Les autres chevaliers s'acquittèrent mieux de
leur devoir. Il y en eut qui vainquirent deux combattants de suite ; quelques-uns allèrent jusqu'à
trois. Il n'y eut que le prince Otame qui en vainquit
quatre. Enfin Zadig combattit à son tour : il

désarçonna quatre cavaliers de suite avec toute la grâce possible. Il fallut donc voir qui serait vainqueur d'Otame ou de Zadig. Le premier portait des armes bleues et or, avec un panache de même ; celles de Zadig étaient blanches. Tous les vœux se partageaient entre le cavalier bleu et le cavalier blanc. La reine, à qui le cœur palpitait, faisait des prières au Ciel pour la couleur blanche.

Les deux champions firent des passes et des voltes avec tant d'agilité, ils se donnèrent de si beaux coups de lance, ils étaient si fermes sur leurs arçons, que tout le monde, hors la reine, souhaitait qu'il y eût deux rois dans Babylone. Enfin, leurs chevaux étant lassés et leurs lances rompues, Zadig usa de cette adresse : il passe derrière le prince bleu, s'élance sur la croupe de son cheval, le prend par le milieu du corps, le jette à terre, se met en selle à sa place et caracole autour d'Otame étendu sur la place. Tout l'amphithéâtre crie : « Victoire au cavalier blanc ! » Otame, indigné, se relève, tire son épée ; Zadig saute de cheval, le sabre à la main. Les voilà tous deux sur l'arène, livrant un nouveau combat, où la force et l'agilité triomphent tour à tour. Les plumes de leur casque, les clous de leurs brassards, les mailles de leur armure, sautent au loin sous mille coups précipités. Ils frappent de pointe et de taille, à droite, à gauche, sur la tête, sur la poitrine ; ils reculent, ils avancent, ils se mesurent, ils se rejoignent, ils se saisissent, ils se replient comme des serpents, ils s'attaquent comme des lions ; le feu jaillit à tout moment des coups qu'ils se portent. Enfin Zadig, ayant un moment repris ses esprits, s'arrête, fait une feinte, passe sur Otame, le fait tomber, le désarme, et Otame s'écrie : « O chevalier blanc ! c'est vous qui devez régner sur Babylone. » La reine était au comble de la joie. On reconduisit le chevalier bleu et le chevalier blanc chacun à leur loge, ainsi que tous les autres, selon ce qui était porté par la loi. Des muets vinrent les servir et leur apporter à manger. On peut juger si le petit muet de la reine ne fut pas celui qui servit Zadig. Ensuite on les laissa dormir seuls jusqu'au lendemain matin, temps où le vainqueur devait apporter sa devise au grand mage pour la confronter et se faire reconnaître.

Zadig dormit, quoique amoureux, tant il était fatigué. Itobad, qui était couché auprès de lui, ne dormit point. Il se leva pendant la nuit, entra dans sa loge, prit les armes blanches de Zadig avec sa devise, et mit son armure verte à la place. Le point du jour étant venu, il alla fièrement au grand mage déclarer qu'un homme comme lui était vainqueur. On ne s'y attendait pas ; mais il fut proclamé pendant que Zadig dormait encore. Astarté, surprise et le désespoir dans le cœur, s'en retourna dans Babylone. Tout l'amphithéâtre était déjà presque vide lorsque Zadig s'éveilla ; il chercha ses armes, et ne trouva que cette armure verte. Il était obligé de s'en couvrir, n'ayant rien autre chose auprès de lui. Étonné et indigné, il les endosse avec fureur, il avance dans cet équipage.

Tout ce qui était encore sur l'amphithéâtre et dans le cirque le reçut avec des huées. On l'entourait ; on lui insultait en face. Jamais homme n'essuya des mortifications si humiliantes. La patience lui échappa ; il écarta à coups de sabre la populace qui osait l'outrager ; mais il ne savait quel parti prendre. Il ne pouvait voir la reine ; il ne pouvait réclamer l'armure blanche qu'elle lui avait envoyée : c'eût été la compromettre ; ainsi, tandis qu'elle était plongée dans la douleur, il était pénétré de fureur et d'inquiétude. Il se promenait sur les bords de l'Euphrate, persuadé que son étoile le destinait à être malheureux sans ressource, repassant dans son esprit toutes ses disgrâces, depuis l'aventure de la femme qui haïssait les borgnes jusqu'à celle de son armure. « Voilà ce que c'est, disait-il, de m'être éveillé trop tard ; si j'avais moins dormi, je serais roi de Babylone, je posséderais Astarté. Les sciences, les mœurs, le courage, n'ont donc jamais servi qu'à mon infortune. » Il lui échappa enfin de murmurer contre la Providence, et il fut tenté de croire que tout était gouverné par une destinée cruelle qui opprimait les bons et qui faisait prospérer les chevaliers verts. Un de ses chagrins était de porter cette armure verte qui lui avait attiré tant de huées. Un marchand passa, il la lui vendit à vil prix, et prit du marchand une robe et un bonnet long. Dans cet équipage, il côtoyait l'Euphrate, rempli de désespoir et accusant en secret la Providence, qui le persécutait toujours.

CHAPITRE XX

L'ERMITE

Il rencontra en marchant un ermite dont la barbe blanche et vénérable lui descendait jusqu'à la ceinture. Il tenait en main un livre qu'il lisait attentivement. Zadig s'arrêta et lui fit une profonde inclination. L'ermite le salua d'un air si noble et si doux que Zadig eut la curiosité de l'entretenir. Il lui demanda quel livre il lisait. « C'est le livre des destinées, dit l'ermite ; voulez-vous en lire quelque chose ? » Il mit le livre dans les mains de Zadig, qui, tout instruit qu'il était dans plusieurs langues, ne put déchiffrer un seul caractère du livre. Cela redoubla encore sa curiosité. « Vous me paraissez bien chagrin, lui dit ce bon père. — Hélas ! que j'en ai sujet, dit Zadig. — Si vous permettez que je vous accompagne, repartit le vieillard, peut-être vous serai-je utile : j'ai quelquefois répandu des sentiments de consolation dans l'âme des malheureux. » Zadig se sentit du respect pour l'air, pour la barbe et pour le livre de l'ermite. Il lui trouva dans la conversation des lumières supérieures. L'ermite parlait de la destinée, de la justice, de la morale, du souverain bien, de la faiblesse humaine, des vertus et des vices, avec une éloquence si vive et si touchante que Zadig se sentit entraîné vers lui par un charme invincible. Il le pria avec insistance de ne le point quitter jusqu'à ce qu'ils fussent de retour à Babylone. « Je vous demande moi-même cette grâce, lui dit le vieillard ; jurez-moi par Orosmade que vous ne vous séparerez point de moi d'ici à quelques jours, quelque chose que je fasse. » Zadig jura, et ils partirent ensemble.

Les deux voyageurs arrivèrent le soir à un château superbe. L'ermite demanda l'hospitalité pour lui et pour le jeune homme qui l'accompagnait. Le portier, qu'on aurait pris pour un grand seigneur, les introduisit avec une espèce de bonté dédaigneuse. On les présenta à un principal domestique, qui leur fit voir les appartements magnifiques du maître. Ils furent admis à sa table au bas bout, sans que le seigneur du château les honorât d'un regard ; mais ils furent servis comme les autres, avec délicatesse et profusion. On leur donna ensuite à laver dans un bassin d'or garni d'émeraudes et de rubis. On les mena coucher dans un bel appartement, et le lendemain matin un domestique leur apporta à chacun une pièce d'or, après quoi on les congédia.

« Le maître de la maison, dit Zadig en chemin, me paraît être un homme généreux, quoique un peu fier ; il exerce noblement l'hospitalité. » En disant ces paroles, il aperçut qu'une espèce de poche très large que portait l'ermite paraissait tendue et enflée : il y vit le bassin d'or garni de pierreries, que celui-ci avait volé. Il n'osa d'abord en rien témoigner ; mais il était dans une étrange surprise.

Vers le midi l'ermite se présenta à la porte d'une maison très petite, où logeait un riche avare ; il y demanda l'hospitalité pour quelques heures. Un vieux valet mal habillé le reçut d'un ton rude, et fit entrer l'ermite et Zadig dans l'écurie, où on leur donna quelques olives pourries, de mauvais pain et de la bière gâtée. L'ermite but et mangea d'un air aussi content que la veille ; puis, s'adressant à ce vieux valet, qui les observait tous deux pour voir s'ils ne volaient rien et qui les pressait de partir, il lui donna les deux pièces d'or qu'il avait reçues le matin et le remercia de toutes ses attentions. « Je vous prie, ajouta-t-il, faites-moi parler à votre maître. » Le valet, étonné, introduisit les deux voyageurs : « Magnifique seigneur, dit l'ermite, je ne puis que vous rendre de très humbles grâces de la manière noble dont vous nous avez reçus : daignez accepter ce bassin d'or comme un faible gage de ma reconnaissance. » L'avare fut prêt de tomber à la renverse. L'ermite ne lui donna pas le temps de revenir de son saisissement ; il partit au plus vite avec son jeune voyageur. « Mon père, lui dit Zadig, qu'est-ce que tout ce que je vois ? Vous ne me paraissez ressembler en rien aux autres hommes : vous volez un bassin d'or garni de pierreries à un seigneur qui vous reçoit magnifiquement, et vous le donnez à un avare qui vous traite avec indignité. — Mon fils, répondit le vieillard, cet homme magnifique, qui ne reçoit les étrangers que par vanité et pour faire admirer ses richesses, deviendra plus sage ; l'avare apprendra à exercer l'hospitalité : ne vous étonnez de rien, et suivez-moi. » Zadig ne savait encore s'il avait affaire au plus fou ou au plus sage de tous les hommes ; mais l'ermite parlait avec tant d'ascendant que Zadig, lié d'ailleurs par son serment, ne put s'empêcher de le suivre.

Ils arrivèrent le soir à une maison agréablement bâtie, mais simple, où rien ne sentait ni la prodigalité ni l'avarice. Le maître était un philosophe retiré du monde, qui cultivait en paix la sagesse et la vertu, et qui cependant ne s'ennuyait pas. Il s'était plu à bâtir cette retraite, dans laquelle il recevait les étrangers avec une noblesse qui n'avait rien de l'ostentation. Il alla lui-même au-devant des deux voyageurs, qu'il fit reposer d'abord dans un appartement commode. Quelque temps après, il les vint prendre lui-même pour les inviter à un repas propre et bien entendu, pendant lequel il parla avec discrétion des dernières révolutions de Babylone. Il parut sincèrement attaché à la reine, et souhaita que Zadig eût paru dans la lice pour disputer la couronne. « Mais les hommes, ajouta-t-il, ne méritent pas d'avoir un roi comme Zadig. » Celui-ci rougissait et sentait redoubler ses douleurs. On convint dans la conversation que les choses de ce monde n'allaient pas toujours au gré des plus sages. L'ermite soutint toujours qu'on ne connaissait pas les voies de la Providence, et que les hommes avaient tort de juger d'un tout dont ils n'apercevaient que la plus petite partie.

On parla des passions. « Ah ! qu'elles sont

funestes! disait Zadig. — Ce sont les vents qui
enflent les voiles du vaisseau, repartit l'ermite :
elles le submergent quelquefois ; mais sans elles il ne
pourrait voguer. La bile rend colère et malade ;
mais sans la bile l'homme ne saurait vivre. Tout est
dangereux ici-bas, et tout est nécessaire. »

On parla de plaisir, et l'ermite prouva que c'est
un présent de la Divinité : « car, dit-il, l'homme
ne peut se donner ni sensations ni idées, il reçoit
tout ; la peine et le plaisir lui viennent d'ailleurs,
comme son être ».

Zadig admirait comment un homme qui avait
fait des choses si extravagantes pouvait raisonner
si bien. Enfin, après un entretien aussi instructif
qu'agréable, l'hôte reconduisit ses deux voyageurs
dans leur appartement, en bénissant le Ciel qui
lui avait envoyé deux hommes si sages et si vertueux. Il leur offrit de l'argent d'une manière aisée
et noble qui ne pouvait déplaire. L'ermite le refusa, et lui dit qu'il prenait congé de lui, comptant
partir pour Babylone avant le jour. Leur sépa-
ration fut tendre ; Zadig surtout se sentait plein
d'estime et d'inclination pour un homme si aimable.

Quand l'ermite et lui furent dans leur appartement, ils firent longtemps l'éloge de leur hôte. Le
vieillard au point du jour éveilla son camarade.
« Il faut partir, dit-il ; mais, tandis que tout le
monde dort encore, je veux laisser à cet homme
un témoignage de mon estime et de mon affection. » En disant ces mots, il prit un flambeau, et
mit le feu à la maison. Zadig, épouvanté, jeta des

cris, et voulut l'empêcher de commettre une action si affreuse. L'ermite l'entraînait par une force supérieure ; la maison était enflammée. L'ermite, qui était déjà assez loin avec son compagnon, la regardait brûler tranquillement. « Dieu merci ! dit-il, voilà la maison de mon cher hôte détruite de fond en comble ! L'heureux homme ! » A ces mots Zadig fut tenté à la fois d'éclater de rire, de dire des injures au révérend père, de le battre, et de s'enfuir ; mais il ne fit rien de tout cela, et, toujours subjugué par l'ascendant de·l'ermite, il le suivit malgré lui à la dernière couchée.

Ce fut chez une veuve charitable et vertueuse qui avait un neveu de quatorze ans, plein d'agréments et son unique espérance. Elle fit du mieux qu'elle put les honneurs de sa maison. Le lendemain, elle ordonna à son neveu d'accompagner les voyageurs jusqu'à un pont qui, étant rompu depuis peu, était devenu un passage dangereux. Le jeune homme, empressé, marche au-devant d'eux. Quand ils furent sur le pont : « Venez, dit l'ermite au jeune homme, il faut que je marque ma reconnaissance à votre tante. » Il le prend alors par les cheveux et le jette dans la rivière. L'enfant tombe, reparaît un moment sur l'eau, et est engouffré dans le torrent. « O monstre ! ô le plus scélérat de tous les hommes ! s'écria Zadig. — Vous m'aviez promis plus de patience, lui dit l'ermite en l'interrompant : apprenez que sous les ruines de cette maison où la Providence a mis le feu le maître a trouvé un trésor immense ; apprenez que ce jeune homme, dont la Providence a tordu le cou, aurait assassiné sa tante dans un an, et vous dans deux. — Qui te l'a dit, barbare? cria Zadig; et quand tu aurais lu cet événement dans ton livre des destinées, t'est-il permis de noyer un enfant qui ne t'a point fait de mal? »

Tandis que le Babylonien parlait, il aperçut que le vieillard n'avait plus de barbe, que son visage prenait les traits de la jeunesse. Son habit d'ermite disparut; quatre belles ailes couvraient un corps majestueux et resplendissant de lumière. « O envoyé du Ciel! ô ange divin! s'écria Zadig en se prosternant, tu es donc descendu de l'empyrée pour apprendre à un faible mortel à se soumettre aux ordres éternels? — Les hommes, dit l'ange Jesrad, jugent de tout sans rien connaître : tu étais celui de tous les hommes qui méritait le plus d'être éclairé. » Zadig lui demanda la permission de parler. « Je me défie de moi-même, dit-il ; mais oserais-je te prier de m'éclaircir un doute : ne vaudrait-il pas mieux avoir corrigé cet enfant, et l'avoir rendu vertueux, que de le noyer? » Jesrad reprit : « S'il avait été vertueux, et s'il eût vécu, son destin était d'être assassiné lui-même avec la femme qu'il devait épouser, et le fils qui en devait naître. — Mais quoi? dit Zadig, il est donc nécessaire qu'il y ait des crimes et des malheurs, et les malheurs tombent sur les gens de bien? — Les méchants, répondit Jesrad, sont toujours malheureux : ils servent à éprouver un petit nombre de justes répandus sur la terre, et il n'y a point de mal dont il ne naisse un bien. — Mais, dit Zadig, s'il n'y avait que du bien, et point de mal ? — Alors, reprit Jesrad, cette terre serait une autre terre ; l'enchaînement des événements serait un autre ordre de sagesse ; et cet autre ordre, qui serait parfait, ne peut être que dans la demeure éternelle de l'Être suprême, de qui le mal ne peut approcher. Il a créé des millions de mondes dont aucun ne peut ressembler à l'autre. Cette immense variété est un attribut de sa puissance immense. Il n'y a ni deux feuilles d'arbres sur la terre, ni deux globes dans les champs infinis du ciel, qui soient semblables ; et tout ce que tu vois sur le petit atome où tu es né devait être dans sa place et dans son temps fixe, selon les ordres immuables de celui qui embrasse tout. Les hommes pensent que cet enfant qui vient de périr est tombé dans l'eau par hasard, que c'est par un même hasard que cette maison est brûlée ; mais il n'y a point de hasard : tout est épreuve, ou punition, ou récompense, ou prévoyance. Souviens-toi de ce pêcheur qui se croyait le plus malheureux de tous les hommes. Orosmade t'a envoyé pour changer sa destinée. Faible mortel, cesse de disputer contre ce qu'il faut adorer. — Mais, dit Zadig... » Comme il disait *mais*, l'ange prenait déjà son vol vers la dixième sphère. Zadig, à genoux, adora la Providence, et se soumit. L'ange lui cria du haut des airs : « Prends ton chemin vers Babylone. »

CHAPITRE XXI
LES ÉNIGMES

ZADIG, hors de lui-même et comme un homme auprès de qui est tombé le tonnerre, marchait au hasard. Il entra dans Babylone le jour où ceux qui avaient combattu dans la lice étaient déjà assemblés dans le grand vestibule du palais pour expliquer les énigmes, et pour répondre aux questions du grand mage. Tous les chevaliers étaient arrivés, excepté l'armure verte. Dès que Zadig parut dans la ville, le peuple s'assembla autour de lui ; ses yeux ne se rassasiaient point de le voir, les bouches de le bénir, les cœurs de lui souhaiter l'empire. L'Envieux le vit passer, frémit, et se détourna ; le peuple le porta jusqu'au lieu de l'assemblée. La reine, à qui on apprit son arrivée, fut en proie à l'agitation de la crainte et de l'espérance ; l'inquiétude la dévorait : elle ne pouvait comprendre ni pourquoi Zadig était sans armes, ni comment Itobad portait l'armure blanche. Un murmure confus s'éleva à la vue de Zadig. On était surpris et charmé de le revoir ; mais il n'était permis qu'aux chevaliers qui avaient combattu de paraître dans l'assemblée.

« J'ai combattu comme un autre, dit-il ; mais un autre porte ici mes armes, et en attendant que j'aie l'honneur de le prouver, je demande la permission de me présenter pour expliquer les énigmes. » On alla aux voix : sa réputation de probité était encore si fortement imprimée dans les esprits qu'on ne balança pas à l'admettre.

Le grand mage proposa d'abord cette question :

« Quelle est de toutes les choses du monde la plus longue et la plus courte, la plus prompte et la plus lente, la plus divisible et la plus étendue, la plus négligée et la plus regrettée, sans qui rien ne peut se faire, qui dévore tout ce qui est petit, et qui vivifie tout ce qui est grand ? »

C'était à Itobad à parler. Il répondit qu'un homme comme lui n'entendait rien aux énigmes, et qu'il lui suffisait d'avoir vaincu à grands coups de lance. Les uns dirent que le mot de l'énigme était la fortune, d'autres la terre, d'autres la lumière. Zadig dit que c'était le temps. « Rien n'est plus long, ajouta-t-il, puisqu'il est la mesure de l'éternité ; rien n'est plus court, puisqu'il manque à tous nos projets ; rien n'est plus lent pour qui attend ; rien de plus rapide pour qui jouit ; il s'étend jusqu'à l'infini en grand ; il se divise jusque dans l'infini en petit ; tous les hommes le négligent, tous en regrettent la perte ; rien ne se fait sans lui ; il fait oublier tout ce qui est indigne de la postérité, et il immortalise les grandes choses. » L'assemblée convint que Zadig avait raison.

On demanda ensuite : « Quelle est la chose qu'on reçoit sans remercier, dont on jouit sans savoir comment, qu'on donne aux autres quand on ne sait où l'on en est, et qu'on perd sans s'en apercevoir ? »

Chacun dit son mot. Zadig devina seul que c'était la vie. Il expliqua toutes les autres énigmes avec la même facilité. Itobad disait toujours que rien n'était plus aisé, et qu'il en serait venu à bout tout aussi facilement s'il avait voulu s'en donner la peine. On proposa des questions sur la justice, sur le souverain bien, sur l'art de régner. Les réponses de Zadig furent jugées les plus solides. « C'est bien dommage, disait-on, qu'un si bon esprit soit un si mauvais cavalier. — Illustres seigneurs, dit Zadig, j'ai eu l'honneur de vaincre dans la lice. C'est à moi qu'appartient l'armure blanche. Le seigneur Itobad s'en empara pendant mon sommeil : il jugea apparemment qu'elle lui siérait mieux que la verte. Je suis prêt de lui prouver d'abord devant vous, avec ma robe et mon épée, contre toute cette belle armure blanche qu'il m'a surprise, que c'est moi qui ai eu l'honneur de vaincre le brave Otame. »

Itobad accepta le défi avec la plus grande confiance. Il ne doutait pas qu'étant casqué, cuirassé, brassardé, il ne vînt aisément à bout d'un champion en bonnet de nuit et en robe de chambre. Zadig tira son épée, en saluant la reine, qui le regardait, pénétrée de joie et de crainte. Itobad tira la sienne, en ne saluant personne. Il s'avança sur Zadig comme un homme qui n'avait rien à craindre. Il était prêt à lui fendre la tête. Zadig sut parer le coup, en opposant ce qu'on appelle le fort de l'épée au faible de son adversaire, de façon que l'épée d'Itobad se rompit. Alors Zadig,

saisissant son ennemi au corps, le renversa par
terre, et, lui portant la pointe de son épée au
défaut de la cuirasse : « Laissez-vous désarmer,
dit-il, ou je vous tue. » Itobad, toujours surpris des
disgrâces qui arrivaient à un homme comme lui,
laissa faire Zadig, qui lui ôta paisiblement son
magnifique casque, sa superbe cuirasse, ses beaux
brassards, ses brillants cuissards, s'en revêtit, et
courut, dans cet équipage, se jeter aux genoux
d'Astarté. Cador prouva aisément que l'armure
appartenait à Zadig. Il fut reconnu roi d'un con-
sentement unanime, et surtout de celui d'Astarté
qui goûtait, après tant d'adversités, la douceur de
voir son amant digne aux yeux de l'univers d'être
son époux. Itobad alla se faire appeler monseigneur
dans sa maison. Zadig fut roi, et fut heureux.
Il avait présent à l'esprit ce que lui avait dit l'ange
Jesrad. Il se souvenait même du grain de sable
devenu diamant. La reine et lui adorèrent la Providence. Zadig laissa la belle capricieuse Missouf
courir le monde. Il envoya chercher le brigand
Arbogad, auquel il donna un grade honorable
dans son armée, avec promesse de l'avancer aux
premières dignités s'il se comportait en vrai guerrier, et de le faire pendre s'il faisait le métier de
brigand.

Sétoc fut appelé du fond de l'Arabie, avec la
belle Almona, pour être à la tête du commerce de
Babylone. Cador fut placé et chéri selon ses services; il fut l'ami du roi, et le roi fut alors le seul
monarque de la terre qui eût un ami. Le petit

muet ne fut pas oublié. On donna une belle maison au pêcheur. Orcan fut condamné à lui payer une grosse somme et à lui rendre sa femme; mais le pêcheur, devenu sage, ne prit que l'argent.

Ni la belle Sémire ne se consolait d'avoir cru que Zadig serait borgne, ni Azora ne cessait de pleurer d'avoir voulu lui couper le nez. Il adoucit leurs douleurs par des présents. L'Envieux mourut de rage et de honte. L'empire jouit de la paix, de la gloire et de l'abondance; ce fut le plus beau siècle de la terre : elle était gouvernée par la justice et par l'amour. On bénissait Zadig, et Zadig bénissait le Ciel.

MEMNON

ou

LA SAGESSE HUMAINE

MEMNON

Memnon conçut un jour le projet insensé d'être parfaitement sage. Il n'y a guère d'hommes à qui cette folie n'ait quelquefois passé par la tête. Memnon se dit à lui-même : « Pour être très sage, et par conséquent très heureux, il n'y a qu'à être sans passions ; et rien n'est plus aisé, comme on sait. Premièrement, je n'aimerai jamais de femme : car, en voyant une beauté parfaite, je me dirai à moi-même : « Ces joues-là se rideront un « jour ; ces beaux yeux seront bordés de rouge ; cette « gorge ronde deviendra plate et pendante ; cette « belle tête deviendra chauve. Or je n'ai qu'à la « voir à présent des mêmes yeux dont je la verrai « alors, et assurément cette tête ne fera pas « tourner la mienne. »

« En second lieu, je serai toujours sobre ; j'aurai beau être tenté par la bonne chère, par des vins délicieux, par la séduction de la société ; je n'aurai qu'à me représenter les suites des excès, une tête pesante, un estomac embarrassé, la perte de la raison, de la santé et du temps, je ne mangerai alors que pour le besoin ; ma santé sera toujours égale, mes idées toujours pures et lumineuses. Tout cela est si facile qu'il n'y a aucun mérite à y parvenir. »

« Ensuite, disait Memnon, il faut penser un peu

à ma fortune : mes désirs sont modérés; mon bien est solidement placé sur le receveur général des finances de Ninive; j'ai de quoi vivre dans l'indépendance : c'est là le plus grand des biens. Je ne serai jamais dans la cruelle nécessité de faire ma cour; je n'envierai personne, et personne ne m'enviera. Voilà qui est encore très aisé. J'ai des amis, continuait-il, je les conserverai, puisqu'ils n'auront rien à me disputer. Je n'aurai jamais d'humeur avec eux, ni eux avec moi. Cela est sans difficulté. »

Ayant fait ainsi son petit plan de sagesse dans sa chambre, Memnon mit la tête à la fenêtre. Il vit deux femmes qui se promenaient sous des platanes auprès de sa maison. L'une était vieille et paraissait ne songer à rien. L'autre était jeune, jolie, et semblait fort occupée. Elle soupirait, elle pleurait, et n'en avait que plus de grâces. Notre sage fut touché, non pas de la beauté de la dame (il était bien sûr de ne pas se sentir une telle faiblesse), mais de l'affliction où il la voyait. Il descendit, il aborda la jeune Ninivienne dans le dessein de la consoler avec sagesse. Cette belle personne lui conta de l'air le plus naïf et le plus touchant tout le mal que lui faisait un oncle qu'elle n'avait point; avec quels artifices il lui avait enlevé un bien qu'elle n'avait jamais possédé, et tout ce qu'elle avait à craindre de sa violence. « Vous me paraissez un homme de si bon conseil, lui dit-elle, que si vous aviez la condescendance de venir jusque chez moi, et d'examiner mes affaires, je suis sûre que vous me tireriez du cruel embarras où je suis. » Memnon n'hésita pas à la suivre pour examiner sagement ses affaires et pour lui donner un bon conseil.

La dame affligée le mena dans une chambre parfumée, et le fit asseoir avec elle poliment sur un large sofa, où ils se tenaient tous deux les jambes croisées vis-à-vis l'un de l'autre. La dame parla en baissant les yeux, dont il échappait quelquefois des larmes, et qui en se relevant rencontraient toujours les regards du sage Memnon. Ses discours étaient pleins d'un attendrissement qui redoublait toutes les fois qu'ils se regardaient. Memnon prenait ses affaires extrêmement à cœur, et se sentait de moment en moment la plus grande envie d'obliger une personne si honnête et si malheureuse. Ils cessèrent insensiblement, dans la chaleur de la conversation, d'être vis-à-vis l'un de l'autre. Leurs jambes ne furent plus croisées. Memnon la conseilla de si près, et lui donna des avis si tendres, qu'ils ne pouvaient ni l'un ni l'autre parler d'affaires et qu'ils ne savaient plus où ils en étaient.

Comme ils en étaient là, arrive l'oncle, ainsi qu'on peut bien le penser : il était armé de la tête aux pieds; et la première chose qu'il dit fut qu'il allait tuer, comme de raison, le sage Memnon et sa nièce; la dernière qui lui échappa fut qu'il pouvait pardonner pour beaucoup d'argent. Memnon fut obligé de donner tout ce qu'il avait. On était heureux, dans ce temps-là, d'en être quitte à si bon marché; l'Amérique n'était pas encore découverte, et les dames affligées n'étaient pas à beaucoup près si dangereuses qu'elles le sont aujourd'hui.

Memnon, honteux et désespéré, rentra chez lui : il y trouva un billet qui l'invitait à dîner avec quelques-uns de ses intimes amis. « Si je reste seul chez moi, dit-il, j'aurai l'esprit occupé de ma triste aventure, je ne mangerai point, je tomberai malade. Il vaut mieux aller faire avec mes amis intimes un repas frugal. J'oublierai, dans la douceur de leur société, la sottise que j'ai faite ce matin. » Il va au rendez-vous; on le trouve un peu chagrin. On le fait boire pour dissiper sa tristesse. Un peu de vin pris modérément est un remède pour l'âme et pour le corps. C'est ainsi que pense le sage Memnon; et il s'enivre. On lui propose de jouer après le repas. Un jeu réglé avec des amis est un passe-temps honnête. Il joue; on lui gagne tout ce qu'il a dans sa bourse, et quatre fois autant sur sa parole. Une dispute s'élève sur le jeu; on s'échauffe : l'un de ses amis intimes lui jette à la tête un cornet, et lui crève un œil. On rapporte chez lui le sage Memnon ivre, sans argent et ayant un œil de moins.

Il cuve un peu son vin; et, dès qu'il a la tête plus libre, il envoie son valet chercher de l'argent chez le receveur général des finances de Ninive, pour payer ses intimes amis : on lui dit que son débiteur a fait le matin une banqueroute frauduleuse qui met en alarme cent familles. Memnon, outré, va à la cour avec un emplâtre sur l'œil et un placet à la main, pour demander justice au roi contre le banqueroutier. Il rencontre dans un salon plusieurs dames qui portaient toutes d'un air aisé des cerceaux de vingt-quatre pieds de circonférence. L'une d'elles, qui le connaissait un peu, dit en le regardant de côté : « Ah! l'horreur! » Une autre, qui le connaissait davantage, lui dit : « Bonsoir, Monsieur Memnon; mais vraiment, Monsieur Memnon, je suis fort aise de vous voir. A propos, Monsieur Memnon, pourquoi avez-vous perdu un œil? » Et elle passa sans attendre sa réponse. Memnon se cacha dans un coin, et attendit le moment où il pût se jeter aux pieds du monarque. Ce moment arriva. Il baisa trois fois la terre, et présenta son placet. Sa gracieuse Majesté le reçut très favorablement, et donna le mémoire à un de ses satrapes pour lui en rendre compte. Le satrape tire Memnon à part, et lui dit d'un air de hauteur en ricanant amèrement : « Je vous trouve un plaisant borgne de vous adresser au roi plutôt qu'à moi, et encore plus plaisant d'oser demander justice contre un honnête banqueroutier, que j'honore de ma protection et qui est le neveu d'une femme de chambre de ma maîtresse. Abandonnez cette affaire-là, mon ami, si vous voulez conserver l'œil qui vous reste. »

Memnon, ayant ainsi renoncé le matin aux femmes, aux excès de table, au jeu, à toute querelle, et surtout à la cour, avait été avant la nuit trompé et volé par une belle dame, s'était enivré,

avait joué, avait eu une querelle, s'était fait crever
un œil, et avait été à la cour, où l'on s'était
moqué de lui.

Pétrifié d'étonnement et navré de douleur, il
s'en retourne la mort dans le cœur. Il veut rentrer chez lui; il y trouve des huissiers qui démeu-
blaient sa maison de la part de ses créanciers. Il
reste presque évanoui sous un platane; il y rencontre la belle dame du matin, qui se promenait
avec son cher oncle, et qui éclata de rire en voyant
Memnon avec son emplâtre. La nuit vint; Memnon se coucha sur de la paille auprès des murs de
sa maison. La fièvre le saisit; il s'endormit dans
l'accès, et un esprit céleste lui apparut en songe.

Il était tout resplendissant de lumière. Il avait
six belles ailes, mais ni pieds, ni tête, ni queue,
et ne ressemblait à rien. « Qui es-tu? lui dit Memnon. — Ton bon génie, lui répondit l'autre. —
Rends-moi donc mon œil, ma santé, mon bien,
ma sagesse », lui dit Memnon. Ensuite il lui conta
comment il avait perdu tout cela en un jour.
« Voilà des aventures qui ne nous arrivent jamais
dans le monde que nous habitons, dit l'esprit. —
Et quel monde habitez-vous? dit l'homme affligé.
— Ma patrie, répondit-il, est à cinq cents millions de lieues du soleil, dans une petite étoile
auprès de Sirius, que tu vois d'ici. — Le beau
pays! dit Memnon. Quoi! vous n'avez point chez
vous de coquines qui trompent un pauvre homme,
point d'amis intimes qui lui gagnent son argent
et qui lui crèvent un œil, point de banqueroutiers,

point de satrapes qui se moquent de vous en vous refusant justice? — Non, dit l'habitant de l'étoile, rien de tout cela. Nous ne sommes jamais trompés par les femmes, parce que nous n'en avons point; nous ne faisons point d'excès de table, parce que nous ne mangeons point; nous n'avons point de banqueroutiers, parce qu'il n'y a chez nous ni or ni argent; on ne peut pas nous crever les yeux, parce que nous n'avons point de corps à la façon des vôtres; et les satrapes ne nous font jamais d'injustice, parce que dans notre petite étoile tout le monde est égal. »

Memnon lui dit alors : « Monseigneur, sans femme et sans dîner, à quoi passez-vous votre temps? — A veiller, dit le génie, sur les autres globes qui nous sont confiés : et je viens pour te consoler. — Hélas! reprit Memnon, que ne veniez-vous la nuit passée pour m'empêcher de faire tant de folies? — J'étais auprès d'Assan, ton frère aîné, dit l'être céleste. Il est plus à plaindre que toi. Sa gracieuse Majesté le roi des Indes à la cour duquel il a l'honneur d'être, lui a fait crever les deux yeux pour une petite indiscrétion, et il est actuellement dans un cachot, les fers aux pieds et aux mains. — C'est bien la peine, dit Memnon, d'avoir un bon génie dans une famille pour que de deux frères l'un soit borgne, l'autre aveugle, l'un couché sur la paille, l'autre en prison. — Ton sort changera, reprit l'animal de l'étoile. Il est vrai que tu seras toujours borgne; mais, à cela près, tu seras assez heureux,

pourvu que tu ne fasses jamais le sot projet d'être
parfaitement sage. — C'est donc une chose à laquelle il est impossible de parvenir? s'écria Memnon en soupirant. — Aussi impossible, lui répliqua
l'autre, que d'être parfaitement habile, parfaitement fort, parfaitement puissant, parfaitement
heureux. Nous-mêmes nous en sommes bien loin.
Il y a un globe où tout cela se trouve; mais dans
les cent mille millions de mondes qui sont dis-
persés dans l'étendue, tout se suit par degrés. On
a moins de sagesse et de plaisir dans le second
que dans le premier, moins dans le troisième que
dans le second. Ainsi du reste jusqu'au dernier,
où tout le monde est complètement fou. — J'ai
bien peur, dit Memnon, que notre petit globe
terraqué ne soit précisément les petites-maisons
de l'univers dont vous me faites l'honneur de me
parler. — Pas tout à fait, dit l'esprit; mais il en
approche : il faut que tout soit en sa place. —
Eh! mais! dit Memnon, certains poètes, certains
philosophes ont donc grand tort de dire que *tout
est bien?* — Ils ont grande raison, dit le philosophe de là-haut, en considérant l'arrangement
de l'univers entier. — Ah! je ne croirai cela,
répliqua le pauvre Memnon, que quand je ne
serai plus borgne. »

LETTRE D'UN TURC

SUR LES FAKIRS

ET SUR SON AMI BABABEC

LETTRE D'UN TURC
SUR LES FAKIRS
ET SUR SON AMI BABABEC

Lorsque j'étais dans la ville de Bénarès sur le rivage du Gange, ancienne patrie des brahmanes, je tâchai de m'instruire. J'entendais passablement l'indien; j'écoutais beaucoup et remarquais tout. J'étais logé chez mon correspondant Omri; c'était le plus digne homme que j'aie jamais connu. Il était de la religion des bramins, j'ai l'honneur d'être musulman : jamais nous n'avons eu une parole plus haute que l'autre au sujet de Mahomet et de Brahma. Nous faisions nos ablutions chacun de notre côté; nous buvions de la même limonade, nous mangions du même riz, comme deux frères.

Un jour nous allâmes ensemble à la pagode de Gavani. Nous y vîmes plusieurs bandes de fakirs, dont les uns étaient des janguis, c'est-à-dire des fakirs contemplatifs, et les autres des disciples des anciens gymnosophistes, qui menaient une vie active. Ils ont, comme on sait, une langue savante qui est celle des plus anciens brahmanes, et, dans cette langue, un livre qu'ils appellent le *Hanscrit*. C'est assurément le plus ancien livre de toute l'Asie, sans en excepter le *Zend-Avesta*.

Je passai devant un fakir qui lisait ce livre. « Ah ! malheureux infidèle ! s'écria-t-il, tu m'as fait perdre le nombre des voyelles que je comptais ; et de cette affaire-là mon âme passera dans le corps d'un lièvre, au lieu d'aller dans celui d'un perroquet, comme j'avais tout lieu de m'en flatter. » Je lui donnai une roupie pour le consoler. A quelques pas de là, ayant eu le malheur d'éternuer, le bruit que je fis réveilla un fakir qui était en extase. « Où suis-je ? dit-il. Quelle horrible chute ! je ne vois plus le bout de mon nez : la lumière céleste est disparue[1]. — Si je suis cause, lui dis-je, que vous voyez enfin plus loin que le bout de votre nez, voilà une roupie pour réparer le mal que j'ai fait ; reprenez votre lumière céleste. »

M'étant ainsi tiré d'affaire discrètement, je passai aux autres gymnosophistes : il y en eut plusieurs qui m'apportèrent de petits clous fort jolis, pour m'enfoncer dans les bras et dans les cuisses en l'honneur de Brahma. J'achetai leurs clous dont j'ai fait clouer mes tapis. D'autres dansaient sur les mains ; d'autres voltigeaient sur la corde lâche ; d'autres allaient toujours à cloche-pied. Il y en avait qui portaient des chaînes, d'autres un bât ; quelques-uns avaient leur tête dans un boisseau : au demeurant les meilleures gens du monde. Mon ami Omri me mena dans la cellule d'un des plus fameux ; il s'appelait Bababec : il

---

1. Quand les fakirs veulent voir la lumière céleste, ce qui est très commun parmi eux, ils tournent les yeux vers le bout de leur nez.

était nu comme un singe, et avait au cou une grosse chaîne qui pesait plus de soixante livres. Il était assis sur une chaise de bois, proprement garnie de petites pointes de clous qui lui entraient dans les fesses, et on aurait cru qu'il était sur un lit de satin. Beaucoup de femmes venaient le consulter; il était l'oracle des familles; et on peut dire qu'il jouissait d'une très grande réputation. Je fus témoin du long entretien qu'Omri eut avec lui. « Croyez-vous, lui dit-il, mon père, qu'après avoir passé par l'épreuve des sept métempsycoses, je puisse parvenir à la demeure de Brahma? — C'est selon, dit le fakir; comment viviez-vous? — Je tâche, dit Omri, d'être bon citoyen, bon mari, bon père, bon ami : je prête de l'argent sans intérêt aux riches dans l'occasion; j'en donne aux pauvres; j'entretiens la paix parmi mes voisins. — Vous mettez-vous quelquefois des clous dans le cul? demanda le bramin. — Jamais, mon révérend père. — J'en suis fâché, répliqua le fakir; vous n'irez certainement que dans le dix-neuvième ciel, et c'est dommage. — Comment! dit Omri, cela est fort honnête; je suis très content de mon lot : que m'importe du dix-neuvième ou du vingtième, pourvu que je fasse mon devoir dans mon pèlerinage, et que je sois bien reçu au dernier gîte? N'est-ce pas assez d'être honnête homme dans ce pays-ci, et d'être ensuite heureux au pays de Brahma? — Dans quel ciel prétendez-vous donc aller, vous, Monsieur Bababec, avec vos clous et vos chaînes? — Dans le trente-cinquième,

dit Bababec. — Je vous trouve plaisant, répliqua
Omri, de prétendre être logé plus haut que moi :
ce ne peut être assurément que l'effet d'une exces-
sive ambition. Vous condamnez ceux qui recher-
chent les honneurs dans cette vie : pourquoi en
voulez-vous de si grands dans l'autre? Et sur quoi
d'ailleurs prétendez-vous être mieux traité que
moi? Sachez que je donne plus en aumônes en
dix jours que ne vous coûtent en dix ans tous les
clous que vous vous enfoncez dans le derrière.
Brahma a bien affaire que vous passiez la journée
tout nu, avec une chaîne au cou; vous rendez là
un beau service à la patrie. Je fais cent fois plus
de cas d'un homme qui sème des légumes, ou qui
plante des arbres, que de tous vos camarades qui
regardent le bout de leur nez, ou qui portent un
bât par excès de noblesse d'âme. » Ayant parlé
ainsi, Omri se radoucit, le caressa, le persuada,
l'engagea enfin à laisser là ses clous et sa chaîne
et à venir chez lui mener une vie honnête. On le
décrassa, on le frotta d'essences parfumées, on
l'habilla décemment; il vécut quinze jours d'une
manière fort sage, et avoua qu'il était cent fois
plus heureux qu'auparavant. Mais il perdait son
crédit dans le peuple ; les femmes ne venaient plus
le consulter; il quitta Omri, et reprit ses clous
pour avoir de la considération.

MICROMÉGAS

HISTOIRE PHILOSOPHIQUE

MICROMÉGAS

CHAPITRE PREMIER

VOYAGE D'UN HABITANT DU MONDE DE L'ÉTOILE SIRIUS DANS LA PLANÈTE DE SATURNE

Dans une de ces planètes qui tournent autour de l'étoile nommée Sirius, il y avait un jeune homme de beaucoup d'esprit, que j'ai eu l'honneur de connaître dans le dernier voyage qu'il fit sur notre petite fourmilière; il s'appelait Micromégas, nom qui convient fort à tous les grands. Il avait huit lieues de haut : j'entends, par huit lieues, vingt-quatre mille pas géométriques de cinq pieds chacun.

Quelques algébristes, gens toujours utiles au public, prendront sur-le-champ la plume, et trouveront que, puisque M. Micromégas, habitant du pays de Sirius, a de la tête aux pieds vingt-quatre mille pas, qui font cent vingt mille pieds de roi, et que nous autres, citoyens de la terre, nous n'avons guère que cinq pieds, et que notre globe a neuf mille lieues de tour; ils trouveront, dis-je, qu'il faut absolument que le globe qui l'a produit ait au juste vingt et un millions six cent mille fois plus de circonférence que notre petite terre. Rien n'est plus simple et plus ordinaire dans la nature. Les États de quelques souverains d'Allemagne ou d'Italie, dont on peut faire le tour en une demi-heure, comparés à l'empire de Turquie, de Moscovie ou de la Chine, ne sont qu'une très faible image des prodigieuses différences que la nature a mises dans tous les êtres.

La taille de Son Excellence étant de la hauteur que j'ai dite, tous nos sculpteurs et tous nos peintres conviendront sans peine que sa ceinture peut avoir cinquante mille pieds de roi de tour; ce qui fait une très jolie proportion.

Quant à son esprit, c'est un des plus cultivés que nous ayons; il sait beaucoup de choses, il en a inventé quelques-unes : il n'avait pas encore deux cent cinquante ans, et il étudiait, selon la coutume, au collège des jésuites de sa planète, lorsqu'il devina, par la force de son esprit, plus de cinquante propositions d'Euclide. C'est dix-huit de plus que Blaise Pascal, lequel, après en avoir deviné trente-deux en se jouant, à ce que dit sa sœur, devint depuis un géomètre assez médiocre et un fort mauvais métaphysicien. Vers les quatre cent cinquante ans, au sortir de l'enfance, il disséqua beaucoup de ces petits insectes qui n'ont pas cent pieds de diamètre, et qui se dérobent aux microscopes ordinaires; il en composa un livre fort curieux, mais qui lui fit quelques affaires. Le muphti de son pays, grand vétillard et fort ignorant, trouva dans son livre des propositions suspectes, malsonnantes, téméraires, hérétiques, sentant l'hérésie, et le poursuivit vivement : il s'agissait de savoir si la forme substantielle des puces de Sirius était de même nature que celle des colimaçons. Micromégas se défendit avec esprit ; il mit les femmes de son côté ; le procès dura deux cent vingt ans. Enfin le muphti fit condamner le livre par des jurisconsultes qui ne l'avaient pas lu, et l'auteur eut ordre de ne paraître à la cour de huit cents années.

Il ne fut que médiocrement affligé d'être banni d'une cour qui n'était remplie que de tracasseries et de petitesses. Il fit une chanson fort plaisante contre le muphti, dont celui-ci ne s'embarrassa guère ; et il se mit à voyager de planète en planète, pour achever de se former l'esprit et le cœur, comme l'on dit. Ceux qui ne voyagent qu'en chaise de poste ou en berline seront sans doute étonnés des équipages de là-haut : car nous autres, sur notre petit tas de boue, nous ne concevons rien au delà de nos usages. Notre voyageur connaissait merveilleusement les lois de la gravitation, et toutes les forces attractives et répulsives. Il s'en servait si à propos que, tantôt à l'aide d'un rayon du soleil, tantôt par la commodité d'une comète, il allait de globe en globe, lui et les siens, comme un oiseau voltige de branche en branche. Il parcourut la voie lactée en peu de temps ; et je suis obligé d'avouer qu'il ne vit jamais, à travers les étoiles dont elle est semée, ce beau ciel empyrée que l'illustre vicaire Derham se vante d'avoir vu au bout de sa lunette. Ce n'est pas que je prétende que M. Derham ait mal vu, à Dieu ne plaise! mais Micromégas était sur les lieux, c'est un bon observateur, et je ne veux contredire personne. Micromégas, après avoir bien tourné, arriva dans le globe de Saturne. Quelque accoutumé qu'il fût à voir des choses nouvelles, il ne put d'abord, en voyant la petitesse du globe et de ses habitants, se défendre de ce sourire de supériorité qui échappe quelquefois aux plus sages. Car enfin Saturne n'est guère que neuf cents fois plus gros que la terre, et les citoyens de ce pays-là sont des nains qui n'ont que mille toises de haut ou environ. Il s'en moqua un peu d'abord avec ses gens, à peu près comme un musicien italien se met à rire de la musique de Lulli, quand il vient en France. Mais, comme le Sirien avait un bon esprit, il comprit bien vite qu'un être pensant peut fort bien n'être pas ridicule pour n'avoir que six mille pieds de haut. Il se familiarisa avec les Saturniens, après les avoir étonnés. Il lia une étroite amitié avec le secrétaire de l'Académie de Saturne, homme de beaucoup d'esprit, qui n'avait à la vérité rien inventé, mais qui rendait un fort bon compte des inventions des autres, et qui faisait passablement de petits vers et de grands calculs. Je rapporterai ici, pour la satisfaction des lecteurs, une conversation singulière que Micromégas eut un jour avec monsieur le secrétaire.

CHAPITRE II

CONVERSATION DE L'HABITANT DE SIRIUS
AVEC CELUI DE SATURNE

APRÈS que Son Excellence se fut couchée, et que le secrétaire se fut approché de son visage : « Il faut avouer, dit Micromégas, que la nature est bien variée. — Oui, dit le Saturnien, la nature est comme un parterre dont les fleurs... — Ah! dit l'autre, laissez là votre parterre. — Elle est, reprit le secrétaire, comme une assemblée de blondes et de brunes dont les parures... — Eh! qu'ai-je affaire de vos brunes? dit l'autre. — Elle est donc comme une galerie de peinture dont les traits.... — Eh non! dit le voyageur, encore une fois la nature est comme la nature. Pourquoi lui chercher des comparaisons? — Pour vous plaire, répondit le secrétaire. — Je ne veux point qu'on me plaise, répondit le voyageur, je veux qu'on m'instruise; commencez d'abord par me dire combien les hommes de votre globe ont de sens. — Nous en avons soixante et douze, dit l'académicien; et nous nous plaignons tous les jours du peu. Notre imagination va au delà de nos besoins; nous trouvons qu'avec nos soixante et douze sens, notre anneau, nos cinq lunes, nous sommes trop bornés; et, malgré toute notre curiosité et le nombre assez grand de passions qui résultent de nos soixante et douze sens, nous avons tout le

temps de nous ennuyer. — Je le crois bien, dit
Micromégas : car dans notre globe nous avons
près de mille sens, et il nous reste encore je ne
sais quel désir vague, je ne sais quelle inquiétude,
qui nous avertit sans cesse que nous sommes peu
de chose, et qu'il y a des êtres beaucoup plus
parfaits. J'ai un peu voyagé; j'ai vu des mortels
fort au-dessus de nous; j'en ai vu de fort supé-
rieurs; mais je n'en ai vu aucuns qui n'aient plus de
désirs que de vrais besoins, et plus de besoins que
de satisfaction. J'arriverai peut-être un jour au
pays où il ne manque rien; mais jusques à présent personne ne m'a donné de nouvelles posi-
tives de ce pays-là. » Le Saturnien et le Sirien
s'épuisèrent alors en conjectures; mais, après
beaucoup de raisonnements fort ingénieux et fort
incertains, il en fallut revenir aux faits. « Combien
de temps vivez-vous? dit le Sirien. — Ah! bien
peu, répliqua le petit homme de Saturne. — C'est
tout comme chez nous, dit le Sirien : nous nous
plaignons toujours du peu. Il faut que ce soit une
loi universelle de la nature. — Hélas! nous ne
vivons, dit le Saturnien, que cinq cents grandes
révolutions du soleil. (Cela revient à quinze mille
ans ou environ, à compter à notre manière.)
Vous voyez bien que c'est mourir presque au
moment que l'on est né; notre existence est un
point, notre durée un instant, notre globe un
atome. A peine a-t-on commencé à s'instruire un
peu que la mort arrive avant qu'on ait de l'expé-
rience. Pour moi, je n'ose faire aucuns projets; je

me trouve comme une goutte d'eau dans un océan immense. Je suis honteux, surtout devant vous, de la figure ridicule que je fais dans ce monde. »

Micromégas lui repartit : « Si vous n'étiez pas philosophe, je craindrais de vous affliger en vous apprenant que notre vie est sept cents fois plus longue que la vôtre; mais vous savez trop bien que quand il faut rendre son corps aux éléments, et ranimer la nature sous une autre forme, ce qui s'appelle mourir; quand ce moment de métamorphose est venu, avoir vécu une éternité ou avoir vécu un jour, c'est précisément la même chose. J'ai été dans des pays où l'on vit mille fois plus longtemps que chez moi, et j'ai trouvé qu'on y murmurait encore. Mais il y a partout des gens de bon sens qui savent prendre leur parti et remercier l'Auteur de la nature. Il a répandu sur cet univers une profusion de variétés, avec une espèce d'uniformité admirable. Par exemple, tous les êtres pensants sont différents, et tous se ressemblent au fond par le don de la pensée et des désirs. La matière est partout étendue; mais elle a dans chaque globe des propriétés diverses. Combien comptez-vous de ces propriétés diverses dans votre matière? — Si vous parlez de ces propriétés, dit le Saturnien, sans lesquelles nous croyons que ce globe ne pourrait subsister tel qu'il est, nous en comptons trois cents, comme l'étendue, l'impénétrabilité, la mobilité, la gravitation, la divisibilité, et le reste. — Apparemment, répliqua le voyageur, que ce petit nombre suffit aux vues que le Créateur avait sur votre petite habitation. J'admire en tout sa sagesse ; je vois partout des différences, mais aussi partout des proportions. Votre globe est petit, vos habitants le sont aussi ; vous avez peu de sensations ; votre matière a peu de propriétés : tout cela est l'ouvrage de la Providence. De quelle couleur est votre soleil, bien examiné ? — D'un blanc fort jaunâtre, dit le Saturnien ; et quand nous divisons un de ses rayons, nous trouvons qu'il contient sept couleurs.— Notre soleil tire sur le rouge, dit le Sirien, et nous avons trente-neuf couleurs primitives. Il n'y a pas un soleil, parmi tous ceux dont j'ai approché, qui se ressemble, comme chez vous il n'y a pas un visage qui ne soit différent de tous les autres. »

Après plusieurs questions de cette nature, il s'informa combien de substances essentiellement différentes on comptait dans Saturne. Il apprit qu'on n'en comptait qu'une trentaine, comme Dieu, l'espace, la matière, les êtres étendus qui sentent, les êtres étendus qui sentent et qui pensent, les êtres pensants qui n'ont point d'étendue, ceux qui se pénètrent, ceux qui ne se pénètrent pas, et le reste. Le Sirien, chez qui on en comptait trois cents, et qui en avait découvert trois mille autres dans ses voyages, étonna prodigieusement le philosophe de Saturne. Enfin après s'être communiqué l'un à l'autre un peu de ce qu'ils savaient et beaucoup de ce qu'ils ne savaient pas, après avoir raisonné pendant une révolution du soleil, ils résolurent de faire ensemble un petit voyage philosophique.

CHAPITRE III

VOYAGE DES DEUX HABITANTS DE SIRIUS
ET DE SATURNE

Nos deux philosophes étaient prêts à s'embarquer dans l'atmosphère de Saturne avec une fort jolie provision d'instruments mathématiques, lorsque la maîtresse du Saturnien, qui en eut des nouvelles, vint en larmes faire ses remontrances. C'était une jolie petite brune qui n'avait que six cent soixante toises, mais qui réparait par bien des agréments la petitesse de sa taille. « Ah! cruel! s'écria-t-elle, après t'avoir résisté quinze cents ans, lorsque enfin je commençais à me rendre, quand j'ai à peine passé cent ans entre tes bras, tu me quittes pour aller voyager avec un géant d'un autre monde; va, tu n'es qu'un curieux, tu n'as jamais eu d'amour; si tu étais un vrai Saturnien, tu serais fidèle. Où vas-tu courir? Que veux-tu? Nos cinq lunes sont moins errantes que toi, notre anneau est moins changeant; voilà qui est fait, je n'aimerai jamais plus personne. » Le philosophe l'embrassa, pleura avec elle, tout philosophe qu'il était; et la dame, après s'être pâmée, alla se consoler avec un petit-maître du pays.

Cependant nos deux curieux partirent; ils sautèrent d'abord sur l'anneau, qu'ils trouvèrent assez plat, comme l'a fort bien deviné un illustre habitant de notre petit globe; de là ils allèrent de lune en lune. Une comète passait tout auprès de la dernière; ils s'élancèrent sur elle avec leurs domestiques et leurs instruments. Quand ils eurent fait environ cent cinquante millions de lieues, ils rencontrèrent les satellites de Jupiter. Ils passèrent dans Jupiter même, et y restèrent une année, pendant laquelle ils apprirent de fort beaux secrets qui seraient actuellement sous presse sans messieurs les inquisiteurs, qui ont trouvé quelques propositions un peu dures. Mais j'en ai lu le manuscrit dans la bibliothèque de l'illustre archevêque de ***, qui m'a laissé voir ses livres avec cette générosité et cette bonté qu'on ne saurait assez louer.

Mais revenons à nos voyageurs. En sortant de Jupiter, ils traversèrent un espace d'environ cent millions de lieues, et ils côtoyèrent la planète de Mars, qui, comme on sait, est cinq fois plus petite que notre petit globe; ils virent deux lunes qui servent à cette planète, et qui ont échappé aux regards de nos astronomes. Je sais bien que le père Castel écrira, et même assez plaisamment, contre l'existence de ces deux lunes; mais je m'en rapporte à ceux qui raisonnent par analogie. Ces bons philosophes-là savent combien il serait difficile que Mars, qui est si loin du soleil, se passât à moins de deux lunes. Quoi qu'il en soit, nos gens trouvèrent cela si petit qu'ils craignirent de n'y pas trouver de quoi coucher, et ils passèrent leur chemin, comme deux voyageurs qui dédaignent un mauvais cabaret de village et poussent jusqu'à la ville voisine. Mais le Sirien et son compagnon se repentirent bientôt. Ils allèrent longtemps, et ne trouvèrent rien. Enfin ils aperçurent une petite lueur; c'était la terre : cela fit pitié à des gens qui venaient de Jupiter. Cependant, de peur de se repentir une seconde fois, ils résolurent de débarquer. Ils passèrent sur la queue de la comète, et, trouvant une aurore boréale toute prête, ils se mirent dedans, et arrivèrent à terre sur le bord septentrional de la mer Baltique, le cinq juillet mil sept cent trente-sept, nouveau style.

CHAPITRE IV

CE QUI LEUR ARRIVE SUR LE GLOBÉ
DE LA TERRE

APRÈS s'être reposés quelque temps, ils man-
gèrent à leur déjeuner deux montagnes, que
leurs gens leur apprêtèrent assez proprement.
Ensuite ils voulurent reconnaître le petit pays où ils
étaient. Ils allèrent d'abord du nord au sud. Les
pas ordinaires du Sirien et de ses gens étaient
d'environ trente mille pieds de roi; le nain de
Saturne suivait de loin en haletant; or il fallait
qu'il fît environ douze pas quand l'autre faisait
une enjambée : figurez-vous (s'il est permis de
faire de telles comparaisons) un très petit chien
de manchon qui suivrait un capitaine des gardes
du roi de Prusse.

Comme ces étrangers-là vont assez vite, ils
eurent fait le tour du globe en trente-six heures;
le soleil, à la vérité, ou plutôt la terre, fait un
pareil voyage en une journée; mais il faut songer
qu'on va bien plus à son aise quand on tourne sur
son axe que quand on marche sur ses pieds. Les
voilà donc revenus d'où ils étaient partis, après
avoir vu cette mare, presque imperceptible pour
eux qu'on nomme *Méditerranée*, et cet autre
petit étang qui, sous le nom de *Grand Océan*,
entoure la taupinière. Le nain n'en avait eu jamais
qu'à mi-jambe, et à peine l'autre avait-il mouillé

son talon. Ils firent tout ce qu'ils purent en allant
et en revenant dessus et dessous pour tâcher
d'apercevoir si ce globe était habité ou non. Ils
se baissèrent, ils se couchèrent, ils tâtèrent partout; mais, leurs yeux et leurs mains n'étant point
proportionnés aux petits êtres qui rampent ici, ils
ne reçurent pas la moindre sensation qui pût leur
faire soupçonner que nous et nos confrères les
autres habitants de ce globe avons l'honneur
d'exister.

Le nain, qui jugeait quelquefois un peu trop
vite, décida d'abord qu'il n'y avait personne sur
la terre. Sa première raison était qu'il n'avait vu
personne. Micromégas lui fit sentir poliment que
c'était raisonner assez mal : « Car, disait-il, vous
ne voyez pas avec vos petits yeux certaines étoiles
de la cinquantième grandeur que j'aperçois très
distinctement; concluez-vous de là que ces étoiles
n'existent pas? — Mais, dit le nain, j'ai bien tâté.
— Mais, répondit l'autre, vous avez mal senti.
— Mais, dit le nain, ce globe-ci est si mal con-
struit, cela est si irrégulier et d'une forme qui me
paraît si ridicule! tout semble être ici dans le
chaos : voyez-vous ces petits ruisseaux dont
aucun ne va de droit fil, ces étangs qui ne sont ni
ronds, ni carrés, ni ovales, ni sous aucune forme
régulière; tous ces petits grains pointus dont ce
globe est hérissé, et qui m'ont écorché les pieds?
(Il voulait parler des montagnes.) Remarquez-
vous encore la forme de tout le globe? comme il
est plat aux pôles, comme il tourne autour du

soleil d'une manière gauche, de façon que les climats des pôles sont nécessairement incultes? En vérité, ce qui fait que je pense qu'il n'y a ici personne, c'est qu'il me paraît que des gens de bon sens ne voudraient pas y demeurer. — Eh bien, dit Micromégas, ce ne sont peut-être pas non plus des gens de bon sens qui l'habitent. Mais enfin il y a quelque apparence que ceci n'est pas fait pour rien. Tout vous paraît irrégulier ici, dites-vous, parce que tout est tiré au cordeau dans Saturne et dans Jupiter. Eh! c'est peut-être par cette raison-là même qu'il y a ici un peu de confusion. Ne vous ai-je pas dit que dans mes voyages j'avais toujours remarqué de la variété? » Le Saturnien répliqua à toutes ces raisons. La dispute n'eût jamais fini, si par bonheur Micromégas, en s'échauffant à parler, n'eût cassé le fil de son collier de diamants. Les diamants tombèrent : c'étaient de jolis petits carats assez inégaux, dont les plus gros pesaient quatre cents livres, et les plus petits cinquante. Le nain en ramassa quelques-uns; il s'aperçut, en les approchant de ses yeux, que ces diamants, de la façon dont ils étaient taillés, étaient d'excellents microscopes. Il prit donc un petit microscope de cent soixante pieds de diamètre qu'il appliqua à sa prunelle; et Micromégas en choisit un de deux mille cinq cents pieds. Ils étaient excellents; mais d'abord on ne vit rien par leur secours : il fallait s'ajuster. Enfin l'habitant de Saturne vit quelque chose d'imperceptible qui remuait entre deux eaux dans la mer Baltique :

c'était une baleine. Il la prit avec le petit doigt fort adroitement, et, la mettant sur l'ongle de son pouce, il la fit voir au Sirien, qui se mit à rire pour la seconde fois de l'excès de petitesse dont étaient les habitants de notre globe. Le Saturnien, convaincu que notre monde est habité, s'imagina bien vite qu'il ne l'était que par des baleines ; et, comme il était grand raisonneur, il voulut deviner d'où un si petit atome tirait son mouvement, s'il avait des idées, une volonté, une liberté. Micromégas y fut fort embarrassé : il examina l'animal fort patiemment, et le résultat de l'examen fut qu'il n'y avait pas moyen de croire qu'une âme fût logée là. Les deux voyageurs inclinaient donc à penser qu'il n'y a point d'esprit dans notre habitation, lorsqu'à l'aide du microscope ils aperçurent quelque chose de plus gros qu'une baleine qui flottait sur la mer Baltique. On sait que dans ce temps-là même une volée de philosophes revenait du cercle polaire, sous lequel ils avaient été faire des observations dont personne ne s'était avisé jusqu'alors. Les gazettes dirent que leur vaisseau échoua aux côtes de Bothnie, et qu'ils eurent bien de la peine à se sauver ; mais on ne sait jamais dans ce monde le dessous des cartes. Je vais raconter ingénument comme la chose se passa, sans y rien mettre du mien, ce qui n'est pas un petit effort pour un historien.

CHAPITRE V

EXPÉRIENCES ET RAISONNEMENTS
DES DEUX VOYAGEURS

MICROMÉGAS étendit la main tout doucement vers l'endroit où l'objet paraissait, et, avançant deux doigts et les retirant par la crainte de se tromper, puis les ouvrant et les serrant, il saisit fort adroitement le vaisseau qui portait ces messieurs, et le mit encore sur son ongle, sans le trop presser de peur de l'écraser. « Voici un animal bien différent du premier », dit le nain de Saturne ; le Sirien mit le prétendu animal dans le creux de sa main. Les passagers et les gens de l'équipage, qui s'étaient crus enlevés par un ouragan, et qui se croyaient sur une espèce de rocher, se mettent tous en mouvement ; les matelots prennent des tonneaux de vin, les jettent sur la main de Micromégas, et se précipitent après. Les géomètres prennent leurs quarts de cercle, leurs secteurs, et des filles laponnes, et descendent sur les doigts du Sirien. Ils en firent tant qu'il sentit enfin remuer quelque chose qui lui chatouillait les doigts : c'était un bâton ferré qu'on lui enfonçait d'un pied dans l'index ; il jugea, par ce picotement, qu'il était sorti quelque chose du petit animal qu'il tenait, mais il n'en soupçonna pas d'abord davantage. Le microscope, qui faisait à peine discerner une baleine et un vaisseau, n'avait point de prise sur un être aussi imperceptible que des hommes. Je ne prétends choquer ici la vanité de personne, mais je suis obligé de prier les importants de faire ici une petite remarque avec moi : c'est qu'en prenant la taille des hommes d'environ cinq pieds, nous ne faisons pas sur la terre une plus grande figure qu'en ferait sur une boule de dix pieds de tour un animal qui aurait à peu près la six cent millième partie d'un pouce en hauteur. Figurez-vous une substance qui pourrait tenir la terre dans sa main, et qui aurait des organes en proportion des nôtres ; et il se peut très bien faire qu'il y ait un grand nombre de ces substances : or concevez, je vous prie, ce qu'elles penseraient de ces batailles qui nous ont valu deux villages qu'il a fallu rendre.

Je ne doute pas que si quelque capitaine des grands grenadiers lit jamais cet ouvrage, il ne hausse de deux grands pieds au moins les bonnets de sa troupe ; mais je l'avertis qu'il aura beau faire, et que lui et les siens ne seront jamais que des infiniment petits.

Quelle adresse merveilleuse ne fallut-il donc pas à notre philosophe de Sirius pour apercevoir les atomes dont je viens de parler ! Quand Leuwenhoek et Hartsoeker virent les premiers, ou crurent voir la graine dont nous sommes formés, ils ne firent pas à beaucoup près une si étonnante découverte. Quel plaisir sentit Micromégas en voyant remuer ces petites machines, en examinant tous leurs tours, en les suivant dans toutes leurs opérations! comme il s'écria! comme il mit avec joie un de ses microscopes dans les mains de son compagnon de voyage! « Je les vois, disaient-ils tous deux à la fois; ne les voyez-vous pas qui portent des fardeaux, qui se baissent, qui se relèvent! » En parlant ainsi, les mains leur tremblaient, par le plaisir de voir des objets si nouveaux et par la crainte de les perdre. Le Saturnien, passant d'un excès de défiance à un excès de crédulité, crut apercevoir qu'ils travaillaient à la propagation. « Ah! disait-il, j'ai pris la nature sur le fait. » Mais il se trompait sur les apparences, ce qui n'arrive que trop, soit qu'on se serve ou non de microscopes.

CHAPITRE VI

CE QUI LEUR ARRIVA AVEC DES HOMMES

MICROMÉGAS, bien meilleur observateur que son nain, vit clairement que les atomes se parlaient; et il le fit remarquer à son compagnon, qui, honteux de s'être mépris sur l'article de la génération, ne voulut point croire que de pareilles espèces pussent se communiquer des idées. Il avait le don des langues aussi bien que le Sirien; il n'entendait point parler nos atomes, et il supposait qu'ils ne parlaient pas : d'ailleurs, comment ces êtres imperceptibles auraient-ils les organes de la voix, et qu'auraient-ils à dire? Pour parler, il faut penser, ou à peu près; mais, s'ils pensaient, ils auraient donc l'équivalent d'une âme : or, attribuer l'équivalent d'une âme à cette espèce, cela lui paraissait absurde. « Mais, dit le Sirien, vous avez cru tout à l'heure qu'ils faisaient l'amour; est-ce que vous croyez qu'on puisse faire l'amour sans penser et sans proférer quelque parole, ou du moins sans se faire entendre? Supposez-vous d'ailleurs qu'il soit plus difficile de produire un argument qu'un enfant? Pour moi, l'un et l'autre me paraissent de grands mystères. — Je n'ose plus ni croire ni nier, dit le nain; je n'ai plus d'opinion; il faut tâcher d'examiner ces insectes, nous raisonnerons après. — C'est fort bien dit », reprit Micromégas; et aussitôt il tira une paire de ciseaux

dont il se coupa les ongles, et d'une rognure de
l'ongle de son pouce il fit sur-le-champ une espèce
de grande trompette parlante, comme un vaste
entonnoir, dont il mit le tuyau dans son oreille.
La circonférence de l'entonnoir enveloppait le
vaisseau et tout l'équipage. La voix la plus faible
entrait dans les fibres circulaires de l'ongle, de
sorte que, grâce à son industrie, le philosophe de
là-haut entendit parfaitement le bourdonnement
de nos insectes de là-bas. En peu d'heures il parvint à distinguer les paroles, et enfin à entendre le
français. Le nain en fit autant, quoique avec plus
de difficulté. L'étonnement des voyageurs redoublait à chaque instant. Ils entendaient des mites
parler d'assez bon sens; ce jeu de la nature leur
paraissait inexplicable. Vous croyez bien que le
Sirien et son nain brûlaient d'impatience de lier
conversation avec les atomes; il craignait que sa
voix de tonnerre, et surtout celle de Micromégas,
n'assourdît les mites sans en être entendue. Il fallait en diminuer la force. Ils se mirent dans la
bouche des espèces de petits cure-dents, dont le
bout fort effilé venait donner auprès du vaisseau.
Le Sirien tenait le nain sur ses genoux et le vaisseau avec l'équipage sur un ongle; il baissait la
tête et parlait bas. Enfin, moyennant toutes ces
précautions et bien d'autres encore, il commença
ainsi son discours :

« Insectes invisibles, que la main du Créateur
s'est plu à faire naître dans l'abîme de l'infiniment
petit, je le remercie de ce qu'il a daigné me découvrir

des secrets qui semblaient impénétrables. Peut-être ne daignerait-on pas vous regarder à ma cour; mais je ne méprise personne, et je vous offre ma protection. »

Si jamais il y a eu quelqu'un d'étonné, ce furent les gens qui entendirent ces paroles. Ils ne pouvaient deviner d'où elles partaient. L'aumônier du vaisseau récita les prières des exorcismes, les matelots jurèrent, et les philosophes du vaisseau firent un système; mais, quelque système qu'ils fissent, ils ne purent jamais deviner qui leur parlait. Le nain de Saturne, qui avait la voix plus douce que Micromégas, leur apprit alors en peu de mots à quelles espèces ils avaient affaire. Il leur conta le voyage de Saturne, les mit au fait de ce qu'était M. Micromégas, et, près les avoir plaints d'être si petits, il leur demanda s'ils avaient toujours été dans ce misérable état si voisin de l'anéantissement, ce qu'ils faisaient dans un globe qui paraissait appartenir à des baleines, s'ils étaient heureux, s'ils multipliaient, s'ils avaient une âme, et cent autres questions de cette nature.

Un raisonneur de la troupe, plus hardi que les autres et choqué de ce qu'on doutait de son âme, observa l'interlocuteur avec des pinnules braquées sur un quart de cercle, fit deux stations, et, à la troisième, il parla ainsi : « Vous croyez donc, Monsieur, parce que vous avez mille toises depuis la tête jusqu'aux pieds, que vous êtes un... — Mille toises! s'écria le nain; juste Ciel! d'où peut-il savoir ma hauteur? mille toises! il ne se trompe pas d'un pouce. Quoi! cet atome m'a mesuré! il est géomètre. il connaît ma grandeur; et moi, qui ne le vois qu'à travers un microscope, je ne connais pas encore la sienne! — Oui, je vous ai mesuré, dit le physicien, et je mesurerai bien encore votre grand compagnon. » La proposition fut acceptée; Son Excellence se coucha de son long, car, s'il se fût tenu debout, sa tête eût été trop au-dessus des nuages. Nos philosophes lui plantèrent un grand arbre dans un endroit que le docteur Swift nommerait, mais que je me garderai bien d'appeler par son nom à cause de mon grand respect pour les dames. Puis, par une suite de triangles liés ensemble, ils conclurent que ce qu'ils voyaient était en effet un jeune homme de cent vingt mille pieds de roi.

Alors Micromégas prononça ces paroles : « Je vois plus que jamais qu'il ne faut juger de rien sur sa grandeur apparente. O Dieu! qui avez donné une intelligence à des substances qui paraissent si méprisables, l'infiniment petit vous coûte aussi peu que l'infiniment grand; et, s'il est possible qu'il y ait des êtres plus petits que ceux-ci, ils peuvent encore avoir un esprit supérieur à ceux de ces superbes animaux que j'ai vus dans le ciel, dont le pied seul couvrirait le globe où je suis descendu. »

Un des philosophes lui répondit qu'il pouvait en toute sûreté croire qu'il est en effet des êtres intelligents beaucoup plus petits que l'homme. Il lui conta, non pas tout ce que Virgile a dit de fabuleux sur les abeilles, mais ce que Swammerdam a découvert, et ce que Réaumur a disséqué. Il lui apprit enfin qu'il y a des animaux qui sont pour les abeilles ce que les abeilles sont pour l'homme, ce que le Sirien lui-même était pour ces animaux si vastes dont il parlait, et ce que ces grands animaux sont pour d'autres substances devant lesquelles ils ne paraissent que comme des atomes. Peu à peu la conversation devint intéressante, et Micromégas parla ainsi.

CHAPITRE VII

CONVERSATION AVEC LES HOMMES

O ATOMES intelligents, dans qui l'Être éternel s'est plu à manifester son adresse et sa puissance, vous devez sans doute goûter des joies bien pures sur votre globe : car, ayant si peu de matière et paraissant tout esprit, vous devez passer votre vie à aimer et à penser; c'est la véritable vie des esprits. Je n'ai vu nulle part le vrai bonheur, mais il est ici sans doute. » A ce discours, tous les philosophes secouèrent la tête; et l'un d'eux, plus franc que les autres, avoua de bonne foi que, si l'on en excepte un petit nombre d'habitants fort peu considérés, tout le reste est un assemblage de fous, de méchants et de malheureux. « Nous avons plus de matière qu'il ne nous en faut, dit-il, pour faire beaucoup de mal, si le mal vient de la matière, et trop d'esprit, si le mal vient de l'esprit. Savez-vous bien, par exemple, qu'à l'heure que je vous parle il y a cent mille fous de notre espèce, couverts de chapeaux, qui tuent cent mille autres animaux couverts d'un turban, ou qui sont massacrés par eux, et que, presque par toute la terre, c'est ainsi qu'on en use de temps immémorial? » Le Sirien frémit et demanda quel pouvait être le sujet de ces horribles querelles entre de si chétifs animaux. « Il s'agit, dit le philosophe, de quelques tas de boue grands comme votre talon. Ce n'est pas qu'aucun de ces millions d'hommes qui se font égorger prétende un fétu sur ce tas de boue. Il ne s'agit que de savoir s'il appartiendra à un certain homme qu'on nomme *Sultan,* ou à un autre qu'on nomme, je ne sais pourquoi, *César.* Ni l'un ni l'autre n'a jamais vu ni ne verra jamais le petit coin de terre dont il s'agit, et presque aucun de ces animaux qui s'égorgent mutuellement n'a jamais vu l'animal pour lequel ils s'égorgent.

— Ah! malheureux! s'écria le Sirien avec indignation, peut-on concevoir cet excès de rage forcenée? Il me prend envie de faire trois pas, et d'écraser de trois coups de pied toute cette fourmilière d'assassins ridicules. — Ne vous en donnez pas la peine, lui répondit-on; ils travaillent assez à leur ruine. Sachez qu'au bout de dix ans il ne reste jamais la centième partie de ces misérables; sachez que, quand même ils n'auraient pas tiré l'épée, la faim, la fatigue ou l'intempérance les emportent presque tous. D'ailleurs, ce n'est pas eux qu'il faut punir, ce sont ces barbares sédentaires qui, du fond de leur cabinet, ordonnent, dans le temps de leur digestion, le massacre d'un million d'hommes, et qui ensuite en font remercier Dieu solennellement. » Le voyageur se sentait ému de pitié pour la petite race humaine, dans laquelle il découvrait de si étonnants contrastes. « Puisque vous êtes du petit nombre des sages, dit-il à ces messieurs, et qu'apparemment vous ne tuez personne pour de l'argent, dites-moi, je vous en prie, à quoi vous vous occupez. — Nous disséquons des mouches, dit le philosophe, nous mesurons des lignes, nous assemblons des nombres; nous sommes d'accord sur deux ou trois points que nous entendons, et nous disputons sur deux ou trois mille que nous n'entendons pas. » Il prit aussitôt fantaisie au Sirien et au Saturnien d'interroger ces atomes pensants pour savoir les choses dont ils convenaient. « Combien comptez-vous, dit-il, de l'étoile de la Canicule à la grande étoile des Gémeaux? « Ils répondirent tous à la fois : « Trente-deux degrés et demi. — Combien comptez-vous d'ici à la lune? — Soixante demi-diamètres de la terre en nombre rond. — Combien pèse votre air? » Il croyait les attraper, mais tous lui dirent que l'air pèse environ neuf cents fois moins qu'un pareil volume de l'eau la plus légère, et dix-neuf mille fois moins que l'or de ducat. Le petit nain de Saturne, étonné de leurs réponses, fut tenté de prendre pour des sorciers ces mêmes gens auxquels il avait refusé une âme un quart d'heure auparavant.

Enfin Micromégas leur dit : « Puisque vous savez si bien ce qui est hors de vous, sans doute vous savez encore mieux ce qui est en dedans. Dites-moi ce que c'est que votre âme, et comment vous formez vos idées. » Les philosophes parlèrent tous à la fois comme auparavant; mais ils furent tous de différents avis. Le plus vieux citait Aristote, l'autre prononçait le nom de Descartes, celui-ci de Malebranche, cet autre de Leibnitz,

cet autre de Locke. Un vieux péripatéticien dit
tout haut avec confiance : « L'âme est une *enté-
léchie,* et une raison par qui elle a la puissance
d'être ce qu'elle est. C'est ce que déclare expres-
sément Aristote, page 633 de l'édition du Louvre.
Ἐντελέχεια ἐστί, etc. — Je n'entends pas trop bien
le grec, dit le géant. — Ni moi non plus, dit
la mite philosophique. — Pourquoi donc, reprit
le Sirien, citez-vous un certain Aristote en grec?
— C'est, répliqua le savant, qu'il faut bien citer
ce qu'on entend le moins. »

Le cartésien prit la parole, et dit : « L'âme est
un esprit pur qui a reçu dans le ventre de sa
mère toutes les idées métaphysiques, et qui, en
sortant de là, est obligée d'aller à l'école, et d'apprendre tout de nouveau ce qu'elle a si bien su
et qu'elle ne saura plus. — Ce n'était donc pas
la peine, répondit l'animal de huit lieues, que
ton âme fût si savante dans le ventre de ta mère
pour être si ignorante quand tu aurais de la barbe
au menton. Mais qu'entends-tu par esprit? —
Que me demandez-vous là? dit le raisonneur; je
n'en ai point d'idée : on dit que ce n'est pas de
la matière. — Mais sais-tu au moins ce que c'est
que de la matière? — Très bien, répondit l'homme.
Par exemple, cette pierre est grise, et d'une telle
forme; elle a ses trois dimensions; elle est pesante
et divisible. — Eh bien! dit le Sirien, cette chose
qui te paraît être divisible, pesante et grise, me
dirais-tu bien ce que c'est? Tu vois quelques
attributs; mais le fond de la chose, le connais-tu?

— Non, dit l'autre. — Tu ne sais donc point ce que c'est que la matière. »

Alors M. Micromégas, adressant la parole à un autre sage qu'il tenait sur son pouce, lui demanda ce que c'était que son âme, et ce qu'elle faisait. « Rien du tout, répondit le philosophe malebranchiste : c'est Dieu qui fait tout pour moi ; je vois tout en lui, je fais tout en lui : c'est lui qui fait tout sans que je m'en mêle. — Autant vaudrait ne pas être, reprit le sage de Sirius. Et toi, mon ami, dit-il à un leibnitzien qui était là, qu'est-ce que ton âme ? — C'est, répondit le leibnitzien, une aiguille qui montre les heures pendant que mon corps carillonne ; ou bien, si vous voulez, c'est elle qui carillonne pendant que mon corps montre l'heure ; ou bien mon âme est le miroir de l'univers, et mon corps est la bordure du miroir : cela est clair. »

Un petit partisan de Locke était là tout auprès ; et quand on lui eut enfin adressé la parole : « Je ne sais pas, dit-il, comment je pense, mais je sais que je n'ai jamais pensé qu'à l'occasion de mes sens. Qu'il y ait des substances immatérielles et intelligentes, c'est de quoi je ne doute pas ; mais qu'il soit impossible à Dieu de communiquer la pensée à la matière, c'est de quoi je doute fort. Je révère la puissance éternelle, il ne m'appartient pas de la borner ; je n'affirme rien, je me contente de croire qu'il y a plus de choses possibles qu'on ne pense. »

L'animal de Sirius sourit : il ne trouva pas

celui-là le moins sage; et le nain de Saturne aurait
embrassé le sectateur de Locke, sans l'extrême
disproportion. Mais il y avait là, par malheur, un
petit animalcule en bonnet carré, qui coupa la
parole à tous les animalcules philosophes; il dit
qu'il savait tout le secret, que cela se trouvait
dans la *Somme* de saint Thomas; il regarda de
haut en bas les deux habitants célestes; il leur soutint que leurs personnes, leurs mondes, leurs
soleils, leurs étoiles, tout était fait uniquement pour
l'homme. A ce discours, nos deux voyageurs se
laissèrent aller l'un sur l'autre en étouffant de ce
rire inextinguible qui, selon Homère, est le partage des dieux; leurs épaules et leurs ventres
allaient et venaient, et dans ces convulsions le vaisseau, que le Sirien avait sur son ongle, tomba dans
une poche de la culotte du Saturnien. Ces deux
bonnes gens le cherchèrent longtemps; enfin ils
retrouvèrent l'équipage, et le rajustèrent fort proprement. Le Sirien reprit les petites mites; il leur
parla encore avec beaucoup de bonté, quoiqu'il
fût un peu fâché dans le fond du cœur de voir
que les infiniment petits eussent un orgueil presque infiniment grand. Il leur promit de leur faire
un beau livre de philosophie, écrit fort menu pour
leur usage, et que, dans ce livre, ils verraient le
bout des choses. Effectivement, il leur donna ce
volume avant son départ : on le porta à Paris à
l'Académie des sciences; mais, quand le secrétaire
l'eut ouvert, il ne vit rien qu'un livre tout blanc :
« Ah! dit-il, je m'en étais bien douté. »

LES
DEUX CONSOLÉS

LES
DEUX CONSOLÉS

LE grand philosophe Citophile disait un jour à une femme désolée, et qui avait juste sujet de l'être : « Madame, la reine d'Angleterre, fille du grand Henri IV, a été aussi malheureuse que vous : on la chassa de ses royaumes; elle fut prête à périr sur l'Océan par les tempêtes; elle vit mourir son royal époux sur l'échafaud. — J'en suis fâchée pour elle », dit la dame; et elle se mit à pleurer ses propres infortunes.

« Mais, dit Citophile, souvenez-vous de Marie Stuart : elle aimait fort honnêtement un brave musicien qui avait une très belle basse-taille. Son mari tua son musicien à ses yeux; et ensuite sa bonne amie et sa bonne parente, la reine Élisabeth, qui se disait pucelle, lui fit couper le cou sur un échafaud tendu de noir, après l'avoir tenue en prison dix-huit années. — Cela est fort cruel », répondit la dame; et elle se replongea dans sa mélancolie.

« Vous avez peut-être entendu parler, dit le consolateur, de la belle Jeanne de Naples, qui fut prise et étranglée? — Je m'en souviens confusément », dit l'affligée.

« Il faut que je vous conte, ajouta l'autre,

l'aventure d'une souveraine qui fut détrônée de mon temps après souper, et qui est morte dans une île déserte. — Je sais toute cette histoire », répondit la dame.

« Eh bien ! donc, je vais vous apprendre ce qui est arrivé à une autre grande princesse à qui j'ai montré la philosophie. Elle avait un amant, comme en ont toutes les grandes et belles princesses. Son père entra dans sa chambre, et surprit l'amant, qui avait le visage tout en feu et l'œil étincelant comme une escarboucle ; la dame aussi avait le teint fort animé. Le visage du jeune homme déplut tellement au père qu'il lui appliqua le plus énorme soufflet qu'on eût jamais donné dans sa province. L'amant prit une paire de pincettes et cassa la tête au beau-père, qui guérit à peine, et qui porte encore la cicatrice de cette blessure. L'amante, éperdue, sauta par la fenêtre et se démit le pied ; de manière qu'aujourd'hui elle boite visiblement, quoique d'ailleurs elle ait la taille admirable. L'amant fut condamné à la mort pour avoir cassé la tête à un très grand prince. Vous pouvez juger de l'état où était la princesse quand on menait pendre l'amant. Je l'ai vue longtemps lorsqu'elle était en prison ; elle ne me parlait jamais que de ses malheurs.

— Pourquoi ne voulez-vous donc pas que je songe aux miens ? lui dit la dame. — C'est, dit le philosophe, parce qu'il n'y faut pas songer, et que, tant de grandes dames ayant été si infortunées, il vous sied mal de vous désespérer. Songez à Hécube,

songez à Niobé. — Ah ! dit la dame, si j'avais vécu
de leur temps, ou de celui de tant de belles princesses, et si pour les consoler vous leur aviez
conté mes malheurs, pensez-vous qu'elles vous
eussent écouté ? »

Le lendemain, le philosophe perdit son fils unique,
et fut sur le point d'en mourir de douleur. La dame
fit dresser une liste de tous les rois qui avaient
perdu leurs enfants, et la porta au philosophe ; il
la lut, la trouva fort exacte, et n'en pleura pas
moins. Trois mois après ils se revirent, et furent
étonnés de se retrouver d'une humeur très gaie.
Ils firent ériger une belle statue au Temps, avec
cette inscription :

A CELUI QUI CONSOLE

HISTOIRE DES VOYAGES

DE

SCARMENTADO

ÉCRITE PAR LUI-MÊME

HISTOIRE DES VOYAGES

DE

SCARMENTADO

JE naquis dans la ville de Candie, en 1600. Mon père en était gouverneur; et je me souviens qu'un poëte médiocre, qui n'était pas médiocrement dur, nommé Iro, fit de mauvais vers à ma louange, dans lesquels il me faisait descendre de Minos en droite ligne; mais, mon père ayant été disgracié, il fit d'autres vers où je ne descendais plus que de Pasiphaé et de son amant. C'était un bien méchant homme que cet Iro, et le plus ennuyeux coquin qui fût dans l'île.

Mon père m'envoya à l'âge de quinze ans étudier à Rome. J'arrivai dans l'espérance d'apprendre toutes les vérités : car jusque-là on m'avait enseigné tout le contraire, selon l'usage de ce bas monde depuis la Chine jusqu'aux Alpes. Monsignor Profondo, à qui j'étais recommandé, était un homme singulier et un des plus terribles savants qu'il y eût au monde. Il voulut m'apprendre les catégories d'Aristote, et fut sur le point de me mettre dans la catégorie de ses mignons : je l'échappai belle. Je vis des processions, des exorcismes et quelques rapines. On disait, mais très faussement, que la signora Olimpia, personne d'une grande prudence, vendait beaucoup de choses qu'on ne doit point vendre. J'étais dans un âge où tout cela me paraissait fort plaisant. Une jeune dame de mœurs très douces, nommée la signora Fatelo, s'avisa de m'aimer. Elle était courtisée par le révérend père Poignardini et par le révérend père Aconiti, jeunes profès d'un ordre qui ne subsiste plus : elle les mit d'accord en me donnant ses bonnes grâces; mais en même temps je courus risque d'être excommunié et empoisonné. Je partis très content de l'architecture de Saint-Pierre.

Je voyageai en France; c'était le temps du règne de Louis le Juste. La première chose qu'on me demanda, ce fut si je voulais à mon déjeuner un petit morceau du maréchal d'Ancre, dont le peuple avait fait rôtir la chair, et qu'on distribuait à fort bon compte à ceux qui en voulaient.

Cet État était continuellement en proie aux guerres civiles, quelquefois pour une place au conseil, quelquefois pour deux pages de controverse. Il y avait plus de soixante ans que ce feu, tantôt couvert et tantôt soufflé avec violence, désolait ces beaux climats. C'étaient là les libertés de l'Église gallicane. « Hélas ! dis-je, ce peuple est pourtant né doux : qui peut l'avoir tiré ainsi de son caractère ? Il plaisante, et il fait des Saint-Barthélemy. Heureux le temps où il ne fera que plaisanter ! »

Je passai en Angleterre : les mêmes querelles y excitaient les mêmes fureurs. De saints catholiques avaient résolu, pour le bien de l'Église, de faire sauter en l'air, avec de la poudre, le roi, la famille royale et tout le parlement, et de délivrer l'Angleterre de ces hérétiques. On me montra la place où la bienheureuse reine Marie, fille de Henri VIII, avait fait brûler plus de cinq cents de ses sujets. Un prêtre hibernois m'assura que c'était une très bonne action : premièrement, parce que ceux qu'on avait brûlés étaient Anglais ; en second lieu, parce qu'ils ne prenaient jamais d'eau bénite, et qu'ils ne croyaient pas au trou de Saint-Patrice. Il s'étonnait surtout que la reine Marie ne fût pas encore canonisée ; mais il espérait qu'elle le serait bientôt, quand le cardinal neveu aurait un peu de loisir.

J'allai en Hollande, où j'espérais trouver plus de tranquillité chez des peuples plus flegmatiques. On coupait la tête à un vieillard vénérable lorsque j'arrivai à La Haye. C'était la tête chauve du premier ministre Barneveldt, l'homme qui avait le mieux mérité de la République. Touché de pitié, je demandai quel était son crime, et s'il avait trahi l'État. « Il a fait bien pis, me répondit un prédicant à manteau noir ; c'est un homme qui croit que l'on peut se sauver par les bonnes œuvres aussi bien que par la foi. Vous sentez bien que si de telles opinions s'établissaient, une république ne pourrait subsister, et qu'il faut des lois sévères pour réprimer de si scandaleuses horreurs. » Un profond politique du pays me dit en soupirant : « Hélas ! Monsieur, le bon temps ne durera pas toujours ; ce n'est que par hasard que ce peuple est si zélé ; le fond de son caractère est porté au dogme abominable de la tolérance ; un jour il y viendra : cela fait frémir. » Pour moi, en attendant que ce temps funeste de la modération et de l'indulgence fût arrivé, je quittai bien vite un pays où la sévérité n'était adoucie par aucun agrément, et je m'embarquai pour l'Espagne.

La cour était à Séville, les galions étaient arrivés, tout respirait l'abondance et la joie dans la plus belle saison de l'année. Je vis au bout d'une allée d'orangers et de citronniers une espèce de lice immense entourée de gradins couverts d'étoffes précieuses. Le roi, la reine, les infants, les infantes, étaient sous un dais superbe. Vis-à-vis de cette auguste famille était un autre trône, mais plus élevé. Je dis à un de mes compagnons de voyage : « A moins que ce trône ne soit réservé pour Dieu, je ne vois pas à quoi il peut servir. » Ces indiscrètes paroles furent entendues d'un grave Espagnol et me coûtèrent cher. Cependant je m'imaginais que nous allions voir quelque carrousel ou quelque fête de taureaux, lorsque le grand inquisiteur parut sur ce trône, d'où il bénit le roi et le peuple.

Ensuite vint une armée de moines défilant deux à deux, blancs, noirs, gris, chaussés, déchaussés, avec barbe, sans barbe, avec capuchon pointu, et sans capuchon ; puis marchait le bourreau ; puis on voyait au milieu des alguazils et des grands environ quarante personnes couvertes de sacs sur lesquels on avait peint des diables et des flammes. C'étaient des Juifs qui n'avaient pas voulu renoncer absolument à Moïse, c'étaient des chrétiens qui avaient épousé leurs commères, ou qui n'avaient pas adoré Notre-Dame d'Atocha, ou qui n'avaient pas voulu se défaire de leur argent comptant en faveur des frères hiéronymites. On chanta dévotement de très belles prières, après quoi on brûla à petit feu tous les coupables; de quoi toute la famille royale parut extrêmement édifiée.

Le soir, dans le temps que j'allais me mettre au lit, arrivèrent chez moi deux familiers de l'Inquisition, avec la sainte Hermandad : ils m'embrassèrent tendrement, et me menèrent, sans me dire un seul mot, dans un cachot très frais, meublé d'un lit de natte et d'un beau crucifix. Je restai là six semaines, au bout desquelles le révérend père inquisiteur m'envoya prier de venir lui parler: il me serra quelque temps entre ses bras, avec une affection toute paternelle; il me dit qu'il était sincèrement affligé d'avoir appris que je fusse si mal logé; mais que tous les appartements de la maison étaient remplis, et qu'une autre fois il espérait que je serais plus à mon aise. Ensuite il me demanda cordialement si je ne savais pas pourquoi j'étais là. Je dis au révérend père que c'était apparemment pour mes péchés. « Eh bien, mon cher enfant, pour quel péché ? parlez-moi avec confiance. » J'eus beau imaginer, je ne devinai point; il me mit charitablement sur les voies.

Enfin je me souvins de mes indiscrètes paroles. J'en fus quitte pour la discipline et une amende de trente mille réales. On me mena faire la révérence au grand inquisiteur : c'était un homme poli, qui me demanda comment j'avais trouvé sa petite fête. Je lui dis que cela était délicieux, et j'allai presser mes compagnons de voyage de quitter ce pays, tout beau qu'il est. Ils avaient eu le temps de s'instruire de toutes les grandes choses que les Espagnols avaient faites pour la religion. Ils avaient lu les mémoires du fameux évêque de Chiapa, par lesquels il paraît qu'on avait égorgé ou brûlé ou noyé dix millions d'infidèles en Amérique pour les convertir. Je crus que cet évêque exagérait; mais, quand on réduirait ces sacrifices à cinq millions de victimes, cela serait encore admirable.

Le désir de voyager me pressait toujours. J'avais compté finir mon tour de l'Europe par la Turquie; nous en prîmes la route. Je me proposai bien de ne plus dire mon avis sur les fêtes que je verrais. « Ces Turcs, dis-je à mes compagnons, sont des mécréants, qui n'ont point été baptisés, et qui par conséquent seront bien plus cruels que les révérends pères inquisiteurs. Gardons le silence quand nous serons chez les mahométans. »

J'allai donc chez eux. Je fus étrangement surpris de voir en Turquie beaucoup plus d'églises chrétiennes qu'il n'y en avait dans Candie. J'y vis jusqu'à des troupes nombreuses de moines qu'on laissait prier la vierge Marie librement, et maudire Mahomet, ceux-ci en grec, ceux-là en latin, quelques autres en arménien. « Les bonnes gens que les Turcs ! » m'écriai-je. Les chrétiens grecs et

les chrétiens latins étaient ennemis mortels dans
Constantinople; ces esclaves se persécutaient les
uns les autres, comme des chiens qui se mordent
dans la rue, et à qui leurs maîtres donnent des
coups de bâton pour les séparer. Le grand vizir
protégeait alors les Grecs. Le patriarche grec
m'accusa d'avoir soupé chez le patriarche latin, et
je fus condamné en plein divan à cent coups de
latte sur la plante des pieds, rachetables de cinq
cents sequins. Le lendemain, le grand vizir fut
étranglé; le surlendemain son successeur, qui était
pour le parti des Latins, et qui ne fut étranglé
qu'un mois après, me condamna à la même amende
pour avoir soupé chez le patriarche grec. Je fus
dans la triste nécessité de ne plus fréquenter ni
l'église grecque ni la latine. Pour m'en consoler,
je pris à loyer une fort belle Circassienne, qui
était la personne la plus tendre dans le tête-à-tête
et la plus dévote à la mosquée. Une nuit, dans les
doux transports de son amour, elle s'écria en
m'embrassant : « Allah ila Allah! »; ce sont les
paroles sacramentelles des Turcs ; je crus que
c'étaient celles de l'amour : je m'écriai aussi tendrement : « Allah ila Allah! — Ah! me dit-elle, le
Dieu miséricordieux soit loué, vous êtes Turc. »
Je lui dis que je le bénissais de m'en avoir donné
la force, et je me crus trop heureux. Le matin,
l'iman vint pour me circoncire; et, comme je fis
quelque difficulté, le cadi du quartier, homme loyal,
me proposa de m'empaler : je sauvai mon prépuce
et mon derrière avec mille sequins, et je m'enfuis

vite en Perse, résolu de ne plus entendre ni messe grecque ni latine en Turquie, et de ne plus crier : « Allah ila Allah! » dans un rendez-vous.

En arrivant à Ispahan, on me demanda si j'étais pour le mouton noir ou pour le mouton blanc. Je répondis que cela m'était fort indifférent, pourvu qu'il fût tendre. Il faut savoir que les factions du Mouton blanc et du Mouton noir partageaient encore les Persans. On crut que je me moquais des deux partis, de sorte que je me trouvai déjà une violente affaire sur les bras aux portes de la ville : il m'en coûta encore grand nombre de sequins pour me débarrasser des moutons.

Je poussai jusqu'à la Chine avec un interprète, qui m'assura que c'était là le pays où l'on vivait librement et gaiement. Les Tartares s'en étaient rendus maîtres, après avoir tout mis à feu et à sang ; et les révérends Pères jésuites d'un côté, comme les révérends Pères dominicains de l'autre, disaient qu'ils y gagnaient des âmes à Dieu, sans que personne en sût rien. On n'a jamais vu de convertisseurs si zélés : car ils se persécutaient les uns les autres tour à tour ; ils écrivaient à Rome des volumes de calomnies ; ils se traitaient d'infidèles et de prévaricateurs pour une âme. Il y avait surtout une horrible querelle entre eux sur la manière de faire la révérence. Les jésuites voulaient que les Chinois saluassent leurs pères et leurs mères à la mode de la Chine, et les dominicains voulaient qu'on les saluât à la mode de Rome. Il m'arriva d'être pris par les jésuites pour un dominicain. On me fit passer chez Sa Majesté tartare pour un espion du pape. Le conseil suprême chargea un premier mandarin, qui ordonna à un sergent, qui commanda à quatre sbires du pays de m'arrêter et de me lier en cérémonie. Je fus conduit après cent quarante génuflexions devant Sa Majesté. Elle me fit demander si j'étais l'espion du pape, et s'il était vrai que ce prince dût venir en personne le détrôner. Je lui répondis que le pape était un prêtre de soixante et dix ans ; qu'il demeurait à quatre mille lieues de Sa sacrée Majesté tartaro-chinoise ; qu'il avait environ deux mille soldats qui montaient la garde avec un parasol ; qu'il ne détrônait personne, et que Sa Majesté pouvait dormir en sûreté. Ce fut l'aventure la moins funeste de ma vie. On m'envoya à Macao, d'où je m'embarquai pour l'Europe.

Mon vaisseau eut besoin d'être radoubé vers les côtes de Golconde. Je pris ce temps pour aller voir la cour du grand Aureng-Zeb, dont on disait des merveilles dans le monde : il était alors dans Delhi. J'eus la consolation de l'envisager le jour de la pompeuse cérémonie dans laquelle il reçut le présent céleste que lui envoyait le shérif de la Mecque. C'était le balai avec lequel on avait balayé la maison sainte, le caaba, le beth Allah. Ce balai est le symbole qui balaye toutes les ordures de l'âme. Aureng-Zeb ne paraissait pas en avoir besoin ; c'était l'homme le plus pieux de tout l'Indoustan. Il est vrai qu'il avait égorgé un de ses frères et empoisonné son père. Vingt raïas et autant d'omras étaient morts dans les supplices ; mais cela n'était rien, et on ne parlait que de sa dévotion. On ne lui comparait que la sacrée majesté du sérénissime empereur de Maroc, Mulei-Ismaël, qui coupait des têtes tous les vendredis après la prière.

Je ne disais mot ; les voyages m'avaient formé, et je sentais qu'il ne m'appartenait pas de décider entre ces deux augustes souverains. Un jeune Français, avec qui je logeais, manqua, je l'avoue, de respect à l'empereur des Indes et à celui de Maroc. Il s'avisa de dire très indiscrètement qu'il y avait en Europe de très pieux souverains qui gouvernaient bien leurs États, et qui fréquentaient même les églises, sans pourtant tuer leurs pères et leurs frères, et sans couper les têtes de leurs sujets. Notre interprète transmit en indou le discours impie de mon jeune homme. Instruit par le passé, je fis vite seller mes chameaux : nous partîmes, le Français et moi. J'ai su depuis que la nuit même, les officiers du grand Aureng-Zeb étant venus pour nous prendre, ils ne trouvèrent que l'interprète. Il fut exécuté en place publique, et tous les courtisans avouèrent sans flatterie que sa mort était très juste.

Il me restait de voir l'Afrique, pour jouir de toutes les douceurs de notre continent. Je la vis en effet. Mon vaisseau fut pris par des corsaires nègres. Notre patron fit de grandes plaintes ; il leur demanda pourquoi ils violaient ainsi les lois des nations. Le capitaine nègre lui répondit : « Vous avez le nez long, et nous l'avons plat ; vos cheveux sont tout droits, et notre laine est frisée ; vous avez la peau de couleur de cendre, et nous de couleur d'ébène ; par conséquent nous devons, par les lois sacrées de la nature, être toujours ennemis. Vous nous achetez aux foires de la côte de Guinée comme des bêtes de somme, pour nous faire travailler à je ne sais quel emploi aussi pénible que ridicule. Vous nous faites fouiller à coups de nerfs de bœuf dans des montagnes, pour en tirer une espèce de terre jaune qui par elle-même n'est bonne à rien, et qui ne vaut pas, à beaucoup près, un bon oignon d'Égypte ; aussi, quand nous vous rencontrons et que nous sommes les plus forts, nous vous faisons esclaves, nous vous faisons labourer nos champs, ou nous vous coupons le nez et les oreilles. »

On n'avait rien à répliquer à un discours si sage. J'allai labourer le champ d'une vieille négresse pour conserver mes oreilles et mon nez. On me racheta au bout d'un an. J'avais vu tout ce qu'il y a de beau, de bon et d'admirable sur la terre : je résolus de ne plus voir que mes pénates. Je me mariai chez moi ; je fus cocu, et je vis que c'était l'état le plus doux de la vie.

SONGE DE PLATON

SONGE DE PLATON

PLATON rêvait beaucoup, et on n'a pas moins rêvé depuis. Il avait songé que la nature humaine était autrefois double, et qu'en punition de ses fautes elle fut divisée en mâle et femelle.

Il avait prouvé qu'il ne peut y avoir que cinq mondes parfaits, parce qu'il n'y a que cinq corps réguliers en mathématiques. Sa *République* fut un de ses grands rêves. Il avait rêvé encore que le dormir naît de la veille et la veille du dormir, et qu'on perd sûrement la vue en regardant une éclipse ailleurs que dans un bassin d'eau. Les rêves alors donnaient une grande réputation.

Voici un de ses songes, qui n'est pas un des moins intéressants. Il lui sembla que le grand Démiourgos, l'éternel Géomètre, ayant peuplé l'espace infini de globes innombrables, voulut éprouver la science des génies qui avaient été témoins de ses ouvrages. Il donna à chacun d'entre eux un petit morceau de matière à arranger, à peu près comme Phidias et Zeuxis auraient donné des statues et des tableaux à faire à leurs disciples, s'il est permis de comparer les petites choses aux grandes.

Démogorgon eut en partage le morceau de boue qu'on appelle *la terre*; et, l'ayant arrangé de la manière qu'on le voit aujourd'hui, il prétendait avoir fait un chef-d'œuvre. Il pensait avoir subjugué l'envie, et attendait des éloges, même de ses confrères ; il fut bien surpris d'être reçu d'eux avec des huées.

L'un d'eux, qui était un fort mauvais plaisant, lui dit : « Vraiment, vous avez fort bien opéré : vous avez séparé votre monde en deux, et vous avez mis un grand espace d'eau entre les deux hémisphères, afin qu'il n'y eût point de communication de l'un à l'autre. On gèlera de froid sous vos deux pôles, on mourra de chaud sous votre ligne équinoxiale. Vous avez prudemment établi de grands déserts de sable, pour que les passants y mourussent de faim et de soif. Je suis assez content de vos moutons, de vos vaches et de vos poules ; mais, franchement, je ne le suis pas trop de vos serpents et de vos araignées. Vos oignons et vos artichauts sont de très bonnes choses ; mais je ne vois pas quelle a été votre idée en couvrant la terre de tant de plantes venimeuses, à moins que vous n'ayez eu le dessein d'empoisonner ses habitants. Il me paraît d'ailleurs que vous avez formé une trentaine d'espèces de singes, beaucoup plus d'espèces de chiens, et seulement quatre ou cinq espèces d'hommes : il est vrai que vous avez donné à ce dernier animal ce que vous appelez *la raison*, mais, en conscience, cette raison-là est trop ridicule, et approche trop de la folie. Il me paraît d'ailleurs que vous ne faites pas grand cas de cet animal à deux pieds, puisque vous lui avez donné tant d'ennemis et si peu de défense, tant de

maladies et si peu de remèdes, tant de passions
et si peu de sagesse. Vous ne voulez pas apparemment qu'il reste beaucoup de ces animaux-là
sur terre : car, sans compter les dangers auxquels vous les exposez, vous avez si bien fait votre
compte qu'un jour la petite vérole emportera tous
les ans régulièrement la dixième partie de cette
espèce, et que la sœur de cette petite vérole
empoisonnera la source de la vie dans les neuf
parties qui resteront; et, comme si ce n'était pas
encore assez, vous avez tellement disposé les choses
que la moitié des survivants sera occupée à plaider, et l'autre à se tuer; ils vous auront sans doute
beaucoup d'obligation, et vous avez fait là un beau
chef-d'œuvre. »

Démogorgon rougit : il sentait bien qu'il y avait
du mal moral et du mal physique dans son affaire ;
mais il soutenait qu'il y avait plus de bien que de
mal. « Il est aisé de critiquer, dit-il; mais pensez-
vous qu'il soit si facile de faire un animal qui soit
toujours raisonnable, qui soit libre, et qui n'abuse
jamais de sa liberté? Pensez-vous que, quand on a
neuf à dix mille plantes à faire provigner, on puisse
si aisément empêcher que quelques-unes de ces
plantes n'aient des qualités nuisibles? Vous imagi-
nez-vous qu'avec une certaine quantité d'eau, de
sable, de fange et de feu, on puisse n'avoir ni mer
ni désert? Vous venez, Monsieur le rieur, d'arranger la planète de Mars; nous verrons comment
vous vous en êtes tiré avec vos deux grandes
bandes, et quel bel effet font vos nuits sans lune;

nous verrons s'il n'y a chez vos gens ni folie ni maladie. »

En effet, les génies examinèrent Mars, et on tomba rudement sur le railleur. Le sérieux génie qui avait pétri Saturne ne fut pas épargné; ses confrères, les fabricateurs de Jupiter, de Mercure, de Vénus, eurent chacun des reproches à essuyer.

On écrivit de gros volumes et des brochures; on dit des bons mots, on fit des chansons, on se donna des ridicules, les petits s'aigrirent; enfin l'éternel Démiourgos leur imposa silence à tous : « Vous avez fait, leur dit-il, du bon et du mauvais, parce que vous avez beaucoup d'intelligence, et que vous êtes imparfaits; vos œuvres dureront seulement quelques centaines de millions d'années; après quoi, étant plus instruits, vous ferez mieux : il n'appartient qu'à moi de faire des choses parfaites et immortelles. »

Voilà ce que Platon enseignait à ses disciples. Quand il eut cessé de parler, l'un d'eux lui dit : « *Et puis vous vous réveillâtes.* »

TABLE

TABLE